Decorative Ironwork of Italy

Photography by Augusto Pedrini

Schiffer Publishing Ltd
4880 Lower Valley Road, Atglen, Pennsylvania 19310

Originally published 1929 by Ulrico Hoepli as Il Ferro Battuto Sbalzato E Cesellato Nell'Arte Italiana
Library of Congress Control Number: 2009941401

Designed by "Sue"
Type set in Adobe Jenson Pro

ISBN: 978-0-7643-3399-6
Printed in China

Published by Schiffer Publishing Ltd.
4880 Lower Valley Road
Atglen, PA 19310
Phone: (610) 593-1777; Fax: (610) 593-2002
E-mail: Info@schifferbooks.com

In Europe, Schiffer books are distributed by
Bushwood Books
6 Marksbury Ave.
Kew Gardens
Surrey TW9 4JF England
Phone: 44 (0) 20 8392 8585; Fax: 44 (0) 20 8392 9876
E-mail: info@bushwoodbooks.co.uk
Website: www.bushwoodbooks.co.uk

INDEX OF LOCATIONS

AOSTA. – Figg. 328, 525, 526.

AREZZO. – Figg. 109, 244, 445.

BOLOGNA. – Figg. 10, 28, 83, 84, 88, 117, 182, 183, 184, 185, 276, 301, 308, 342, 343, 352, 381, 382, 422, 423, 452, 502.

BRESCIA. – Figg. 61, 72, 74, 94, 110, 191, 195, 272, 282, 313, 400.

CREMONA. – Figg. 258, 264, 265, 266, 280.

FIRENZE. – Figg. 9, 11, 12, 17, 18, 19, 22, 54, 108, 114, 131, 132, 152, 168, 180, 181, 188, 226, 227, 287, 310, 314, 321, 323, 324, 325, 326, 327, 353, 354, 355, 356, 357, 358, 359, 360, 361, 362, 363, 364, 414, 415, 416, 417, 443, 462, 465, 478, 479, 480, 481, 482, 483, 485, 488, 491, 496, 498, 500, 510, 511, 527, 528, 529, 534, 535, 536, 537, 538, 539, 540, 541, 542, 543, 544, 547, 548, 549.

FERRARA. – Fig. 289.

GENOVA. – Figg. 24, 41, 201, 202, 203, 204, 256, 292, 501.

ISSOGNE. – Figg. 290, 294, 300, 515, 516, 517.

LUCCA. – Figg. 15, 16, 26, 81, 192, 194, 200, 206, 207, 275, 277, 283, 379, 436, 437, 438, 453, 455, 460.

MILANO. – Figg. 77, 78, 91, 95, 105, 121, 123, 136, 139, 140, 167, 196, 211, 221, 236, 246, 247, 248, 255, 257, 267, 268, 271, 285, 298, 303, 315, 316, 336, 337, 338, 339, 365, 366, 370, 371, 372, 373, 374, 375, 376, 377, 378, 383, 385, 386, 387, 388, 389, 390, 391, 392, 393, 394, 395, 396, 397, 398, 399, 401, 402, 403, 404, 405, 406, 407, 408, 409, 410, 411, 412, 413, 425, 426, 427, 428, 429, 472, 475, 476, 477, 487, 489, 503, 504, 522, 523, 524, 546.

MÀSINO (Novara). – Figg. 86, 153, 217, 218, 467.

MANTOVA. – Figg. 57, 58, 59, 60, 63, 234, 262.

MODENA. – Figg. 100, 103, 176, 177, 261, 263.

NORCIA (Umbria). – Fig. 249.

ORTA - SACRO MONTE. – Figg. 27, 33, 39, 40, 50, 52, 55, 56, 85, 141, 144, 150, 238, 259, 273, 274, 556.

PALERMO. – Figg. 469, 470.

PESCOCOSTANZO (Abruzzo). – Fig. 49.

PISA. – Figg. 193, 250, 278, 432.

PONTE (Valtellina). – Figg. 37, 120, 122, 126, 130, 147.

PISTOIA. – Figg. 133, 134, 159, 213, 228.

PADOVA. – Figg. 29, 73, 93, 169, 197, 198, 210, 243, 513.

PAVIA (Certosa). – Figg. 31, 32, 148, 545.

RAVENNA. – Fig. 145.

RIMINI. – Figg. 149, 161.

RIVOLI. – Fig. 499.

ROMA. – Figg. 51, 53, 71, 79, 80, 90, 92, 98, 172, 222, 231, 312.

SALUZZO. – Figg. 30, 102, 138, 230, 311, 380, 433, 461, 463, 464, 466, 492, 493, 512, 530, 531, 550, 551, 552, 553.

STRÀ (Padova). – Figg. 96, 97, 99, 170, 171, 174, 269.

SIENA. – Figg. 2, 3, 4, 7, 8, 25, 115, 118, 158, 160, 189, 190, 208, 209, 214, 215, 223, 260, 434, 435, 439, 440, 441, 442, 444, 447, 448, 449, 450, 451, 532.

STUPINIGI. – Fig. 506.

SARZANA. – Fig. 151.

SAN GIMINIANO. – Fig. 431.

S. MINIATO (in Toscana). – Fig. 1.

TRISSINO (Vicenza). – Fig. 67.

TORINO. – Figg. 13, 14, 45, 46, 47, 64, 75, 76, 87, 89, 101, 104, 106, 107, 112, 113, 129, 137, 146, 166, 173, 178, 179, 219, 220, 225, 229, 232, 233, 235, 237, 239, 240, 241, 242, 245, 252, 253, 270, 279, 284, 291, 296, 299, 302, 304, 305, 306, 307, 309, 317, 318, 319, 320, 322, 330, 331, 332, 333, 334, 335, 340, 341, 344, 345, 346, 347, 348, 349, 350, 351, 367, 368, 369, 424, 430, 454, 456, 457, 458, 459, 468, 471, 473, 474, 486, 494, 495, 497, 505, 507, 509, 514, 518, 519, 520, 521, 554, 555.

TEGLIO (Valtellina). – Figg. 38, 124, 127, 128, 154, 286, 293, 297.

TRAMONTE (Padova). – Figg. 42, 62, 65, 68, 162, 165, 212, 490.

VERCELLI. – Fig. 251.

VENEZIA. – Figg. 20, 21, 23, 116, 119, 135, 199, 205, 322, 418, 419, 420, 421, 533.

VICENZA. – Figg. 35, 66, 69, 70, 155, 156, 157, 175, 216, 254, 281, 288.

VERONA. – Figg. 5, 6, 36.

VITERBO. – Figg. 43, 44, 48, 187, 224, 384, 446.

VALLE DI AOSTA. – Figg. 111, 125, 295.

FIG. 1. — S. Miniato (in Toscana). - Oratorio del Loretino.

FIG. 2. — Siena. - Cappella di Piazza.

Fig. 3. — Siena. - Cappella del Palazzo Pubblico.

Fig. 4. — Siena. - Cappella del Palazzo Pubblico.

Fig. 5. — Verona. - Arche Scaligere.

Fig. 6. — Verona. - Arche Scaligere. - Cancellate di chiusura.

Fig. 7. — Siena. - Ospedale di S. Maria della Scala.

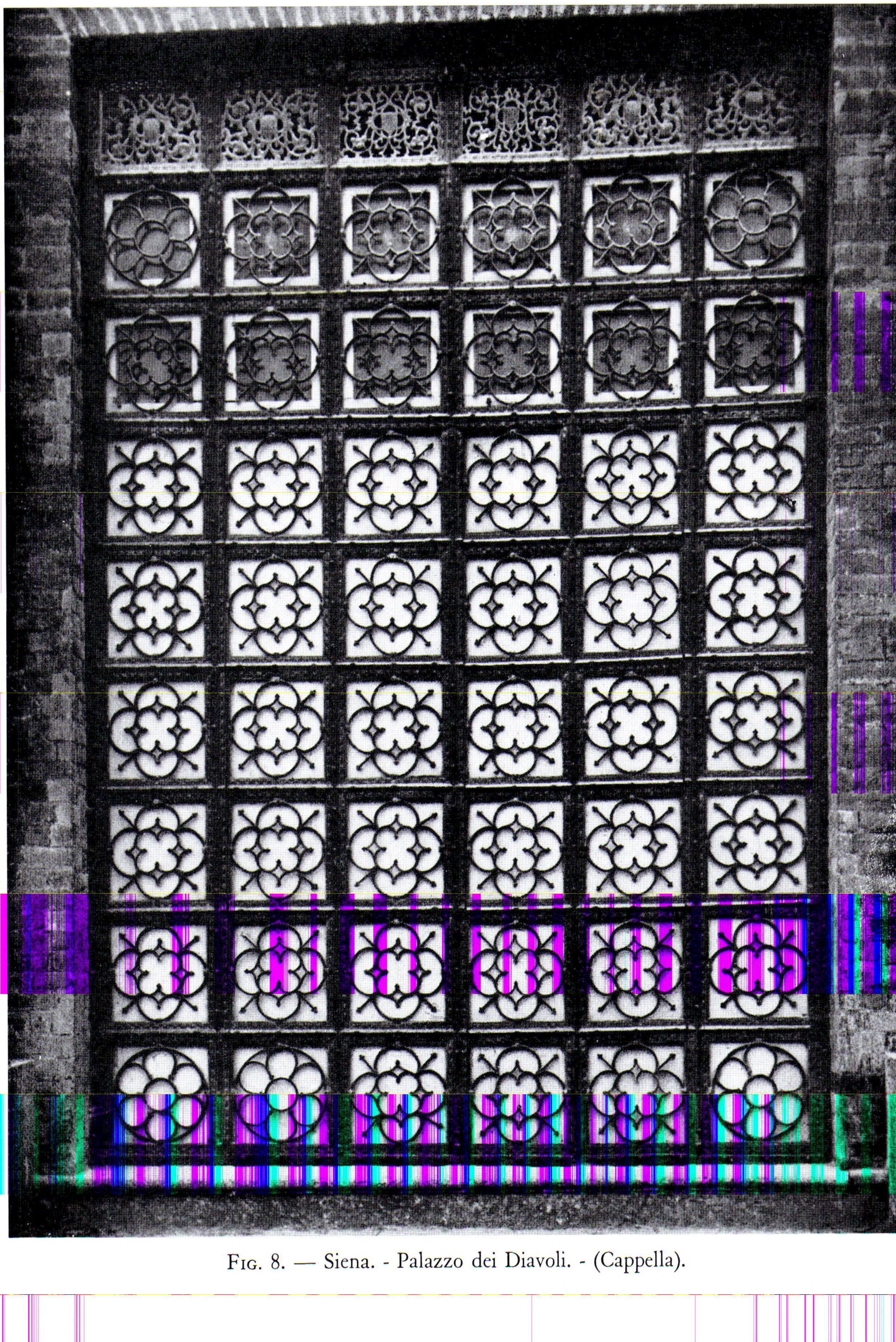

Fig. 8. — Siena. - Palazzo dei Diavoli. - (Cappella).

Fig. 9. — Firenze. - Chiesa di Santa Trinità.

Fig. 10. — Bologna. - Basilica di S. Petronio.

Fig. 11. — Firenze. - Museo Nazionale.

Fig. 12. — Firenze. - Museo Nazionale.

Fig. 13. — Torino. - Museo Civico.

Fig. 14. — Torino. - Museo Civico.

Fig. 15. — Lucca. - Duomo. - Cappella del Volto Santo.

FIG. 16. — Lucca. - Duomo. - Cappella del Volto Santo.

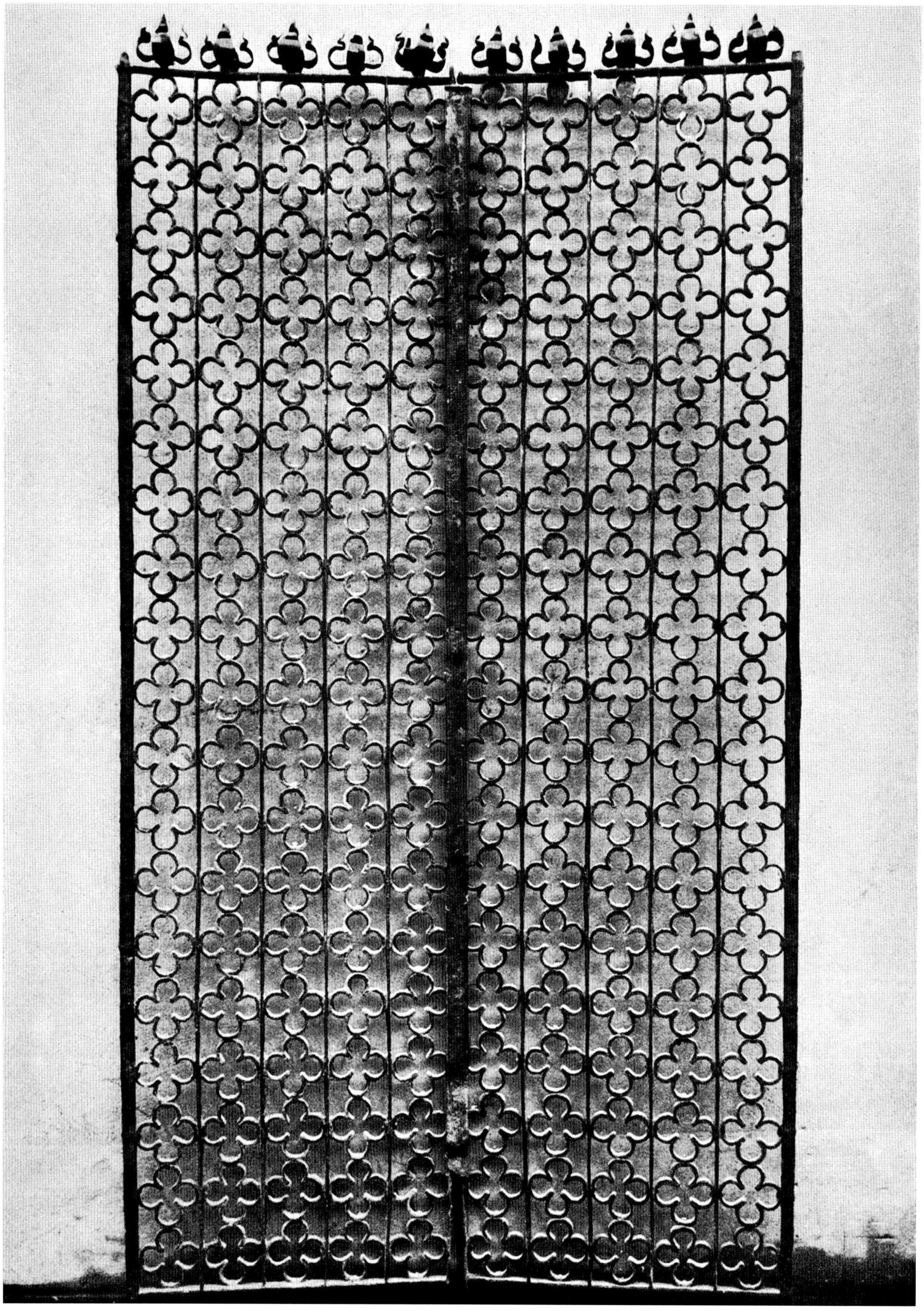

Fig. 17. — Firenze. - Coll. Peruzziana.

Fig 19. — Firenze. - Coll. Peruzziana.

Fig. 18. — Alto Veneto.

FIG. 20. — Venezia. - Palazzo Sanudo ora Barozzi.

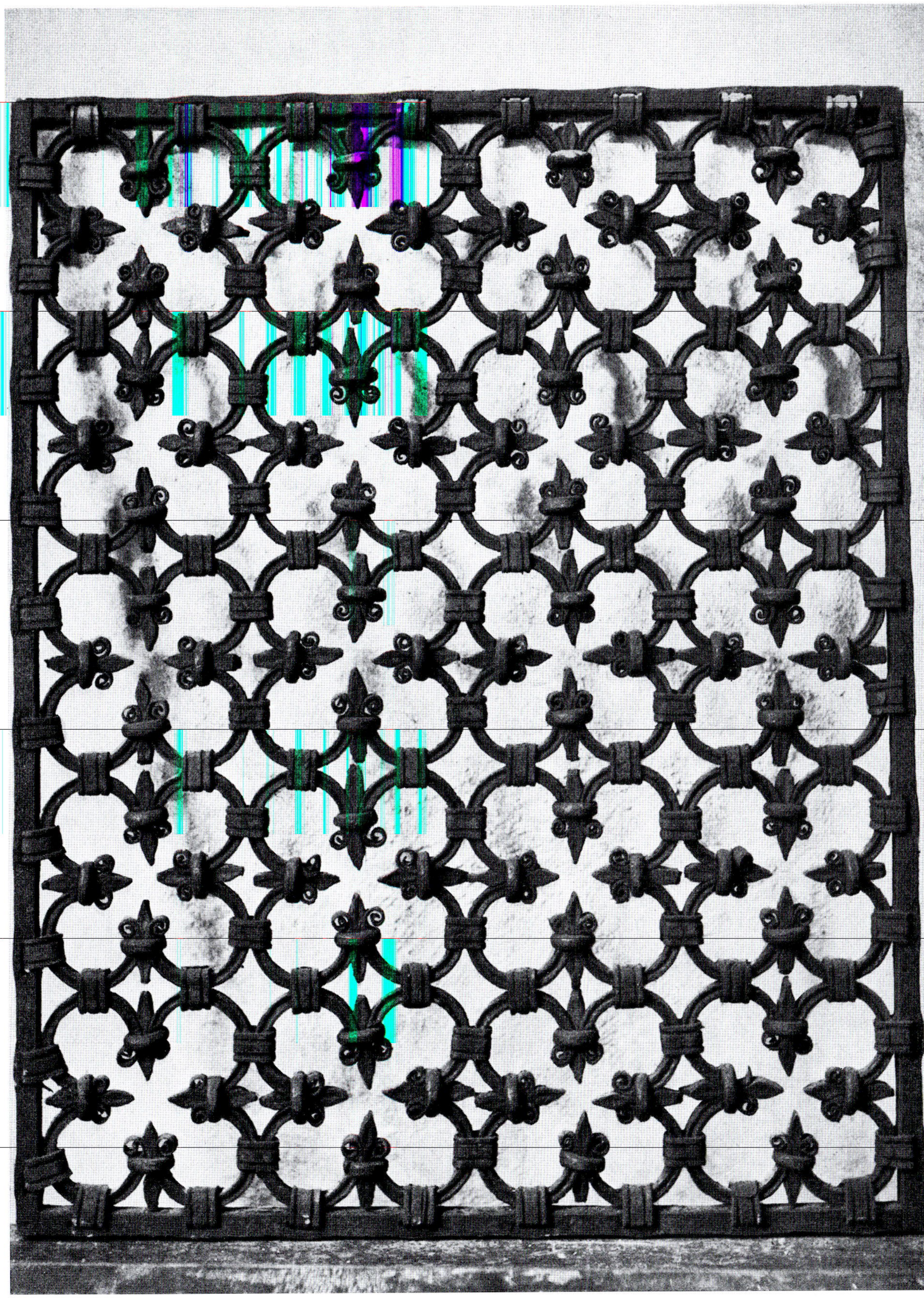

Fig. 21. — Venezia. - Palazzo Sanudo ora Barozzi.

Fig. 22. — Firenze. - Palazzo del Podestà (Bargello).

Fig. 23. — Venezia. - Palazzo Ducale. - Loggiato.

Fig. 24. — Genova. - Via Garibaldi 4.

FIG. 25. — Siena. - Cappella di Piazza.

Fig. 26. — Lucca. - Palazzo Giovannini.

FIG. 27. — Sacro Monte d'Orta (Novara). - Cappella XI.

Fig. 28. — Bologna. - Palazzo dell'Archiginnasio.

Fig. 29. — Padova. - Sinagoga.

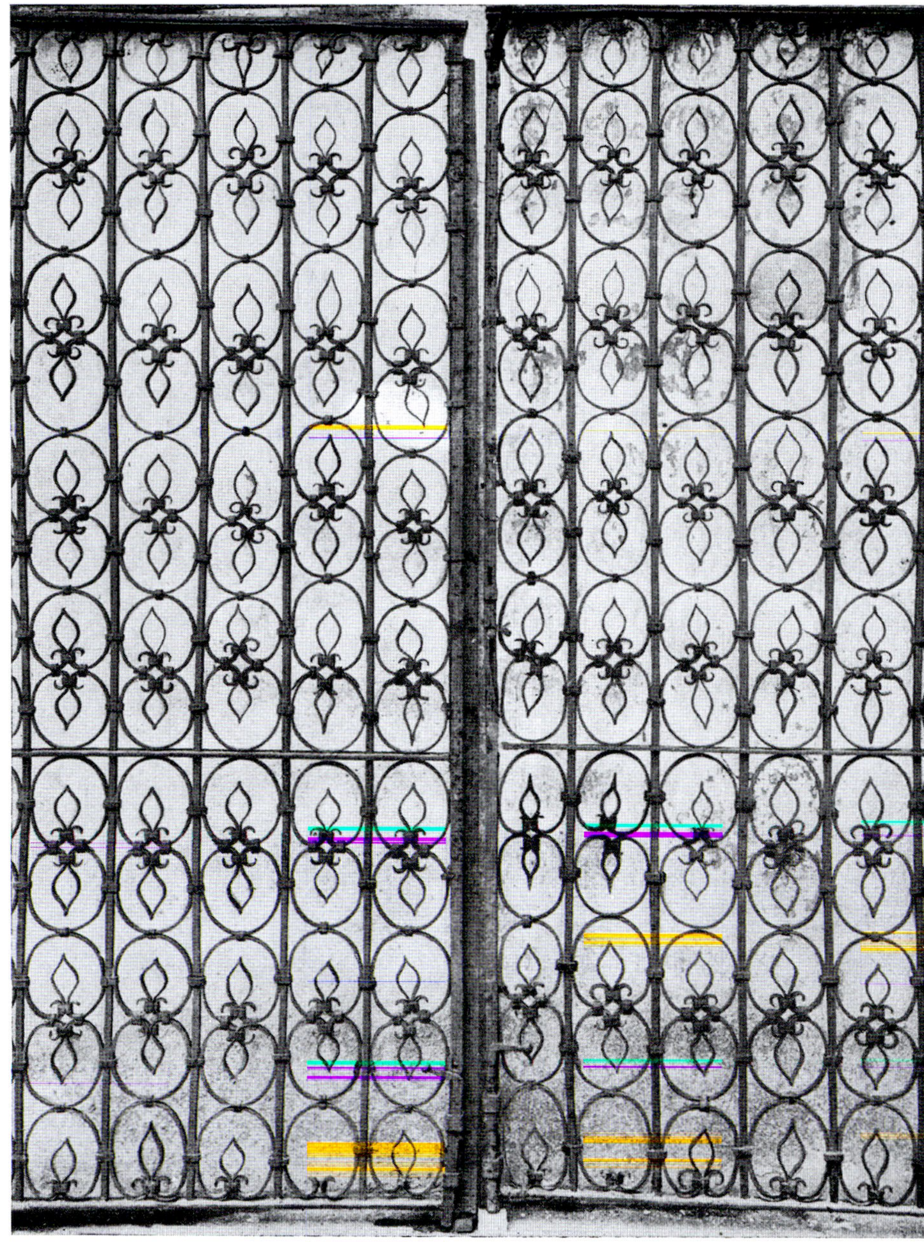

Fig. 30. — Bergamo. - (Coll. Bertoni. - Saluzzo).

FIG. 31. — Certosa di Pavia. - Cancellata di Cappella.

Fig. 32. — Certosa di Pavia. - Cancellata centrale.

Fig. 33. — Sacro-Monte d'Orta. - Cappella XVII.

Fig. 34. — Sacro-Monte d'Orta. - Cappella XVII.

Fig. 35. — Vicenza. - Contrà Porti 7.

Fig. 36. — Verona. - Santa Maria in Organo.

FIG. 37. — Ponte in Valtellina. - Palazzo della Canonica.

FIG. 38. — Teglio (Valtellina). - Chiesetta di S. Lorenzo.

Fig. 39. — Orta (Novara). - Ossario.

Fig. 40. — Orta (Novara). - Ossario.

Fig. 41. — Genova. - Palazzo Reale (Verso il Parco).

Fig. 42. — Tramonte (Padova). - Villa Rosa.

FIG. 43. — Viterbo. - Palazzo Muti Bussi.

Fig. 44. — Viterbo. - Ex Convento di Santa Maria in Gradi.

Fig. 45. — Torino. - Cattedrale.

Fig. 46. — Torino. - Chiesa della Missione.

FIG. 47. — Torino. - Cattedrale.

FIG. 48. — Viterbo. - Chiesa di Santa Maria della Quercia.

Fig. 49. — Pescocostanzo (Abruzzi). - Chiesa Collegiata.

Fig. 50. — Sacro Monte d'Orta. - Cappella XX.

Fig. 51. — Roma. - Basilica di S. Giovanni in Laterano.

Fig. 52. — Sacro Monte d'Orta. - Cappella XIII.

Fig. 53. — Pag. 48. - Roma. - Chiesa di Santa Maria in Trastevere.

Fig. 54. — Firenze. - Basilica di S. Croce. - Cappella Niccolini.

Fig. 55. — Sacro Monte d'Orta. - Cappella XX.

Fig. 56. — Sacro Monte d'Orta - Cappella XVI.

Fig. 57. — Mantova. - Chiesa di Santa Teresa.

Fig. 58. — Mantova. - Chiesa di Santa Teresa.

Fig. 59. — Mantova. - Chiesa di Santa Teresa.

Fig. 60. — Mantova. - Chiesa di Santa Teresa.

Fig. 61. — Brescia. - Palazzo Martinengo da Barco. (Ora Pinacoteca).

Fig. 62. — Tramonte (Padova).

Fig. 63. — Mantova. - Duomo. - Cappella della Confraternita dei fabbri.

Fig. 64. — Torino. - Chiesa del Corpus Domini.

FIG. 65. — Tramonte (Padova). - Villa Rosa.

Fig. 66. — Vicenza. - Palazzo Poiana.

Fig. 67. — Trissino (Vicenza).

Fig. 68. — Tramonte. - Villa Rosa.

FIG. 69. — Vicenza. - Biblioteca Bertoliana.

Fig. 70. — Vicenza. - Biblioteca Bertoliana.

FIG. 71. — Roma. - Chiesa di Santa Maria in Trastevere.

Fig. 72. — Brescia. - Chiesa di S. Zeno.

Fig. 73. — Padova. - Palazzo Selvatico Este.

FIG. 74. — Brescia. - Via Magenta 27.

FIG. 75. — Torino. - R. Università.

Fig. 76. — Torino. - Palazzo Madama.

Fig. 77. — Milano. - Basilica di Sant'Ambrogio.

Fig. 78. — Milano. - Basilica di Sant'Ambrogio.

Fig. 79. — Roma. - Basilica di S. Pietro.

Fig. 80. — Roma. - Basilica di S. Pietro.

FIG. 81. — Lucca. - Palazzo Massoni.

FIG. 82. — Roma. - Basilica di S. Giovanni in Laterano.

FIG. 83. — Bologna. - Basilica di S. Petronio.

FIG 84. — Bologna. - Basilica di S. Petronio.

Fig. 85. — Orta. - Cimitero.

Fig. 86. — Miasino (Novara).

Fig. 87. — Torino. - Basilica di Superga.

Fig. 88. — Bologna. - Duomo.

FIG. 89. — Torino. - Chiesa di S. Francesco d'Assisi.

FIG. 90. — Roma. - Basilica di S. Giovanni in Laterano (Pronao).

FIG. 91. — Milano. - Museo Sforzesco.

Fig. 92. — Roma. - Basilica di S. Giovanni in Laterano (Pronao).

Fig. 93. — Padova. - Palazzo Selvatico Este.

Fig. 94. — Brescia. - Palazzo Salvadego.

Fig. 95. — Milano. - Basilica di Sant'Ambrogio.

Fig. 96. — Strà (Padova). - Villa Nazionale.

Fig. 97. — Strà (Padova). - Villa Nazionale.

Fig. 98. — Roma. - Palazzo dei Canonici di S. Pietro.

Fig. 99. — Strà (Padova). - Villa Nazionale.

FIG. 100. — Modena. - Istituto Belle Arti.

FIG. 101. — Torino. - Duomo.

Fig. 102. — Saluzzo. - Coll. Osella.

Fig. 103. — Modena. - Giardino Pubblico.

Fig. 104. — Torino. - Palazzo del Seminario.

Fig. 105. — Milano. - Museo Sforzesco.

Fig. 106. — Torino. - Cappella del Palazzo Reale.

Fig. 107. — Torino. - Museo Civico.

Fig. 108. — Firenze. - Palazzo Amerighi.

Fig. 109. — Arezzo. - Duomo.

FIG. 110. — Brescia. - Monastero di Santa Maria del Solario.

Fig. 111. — Valle d'Aosta. - Castello di Fenis.

Fig. 112. — Torino. - Castello Medioevale.

Fig. 113. — Torino. - Castello Medioevale.

Fig. 114. — Firenze. - Basilica di Santa Croce.

FIG. 115. — Siena. - Cappella di Piazza.

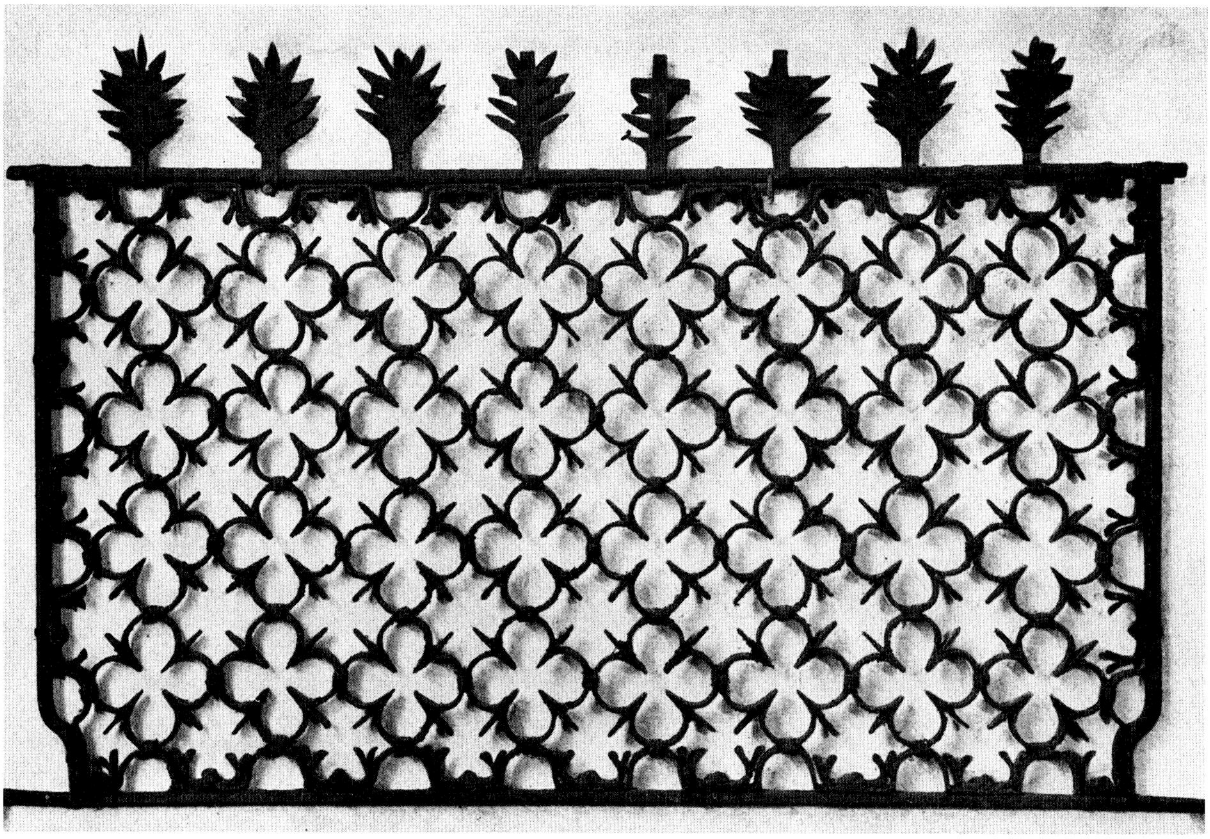

FIG. 116. — Venezia. - Palazzo Sanudo ora Barozzi.

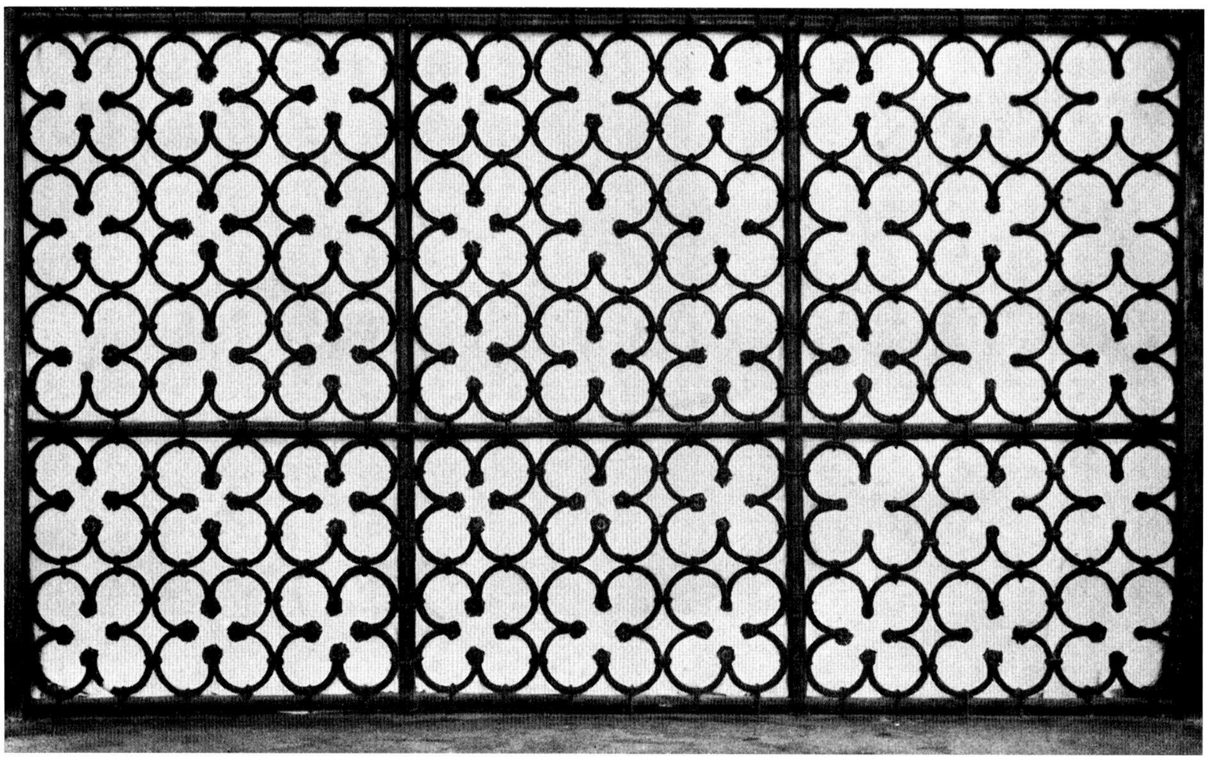

[illegible]G. 117. — Bologna. - Basilica di S. Stefano - (Lapidari

FIG. 118. — Siena. - Ospedale di Santa Maria della Scala.

FIG. 119. — Venezia. - Palazzo Sanudo ora Barozzi.

FIG. 121. — Milano. - Museo Sforzesco.

FIG. 120. — Ponte in Valtellina.

Fig. 122. — Ponte in Valtellina.

Fig. 123. — Milano. - Museo Sforzesco.

Fig. 124. — Teglio (Valtellina). - Palazzotto Besta.

Fig 125. — Valle d'Aosta. - Maniero di Issogne.

Fig. 126. — Ponte in Valtellina. - Palazzo Guicciardi.

FIG. 127. — Teglio. - Palazzotto Besta.

Fig. 128. — Teglio. - Palazzotto Besta.

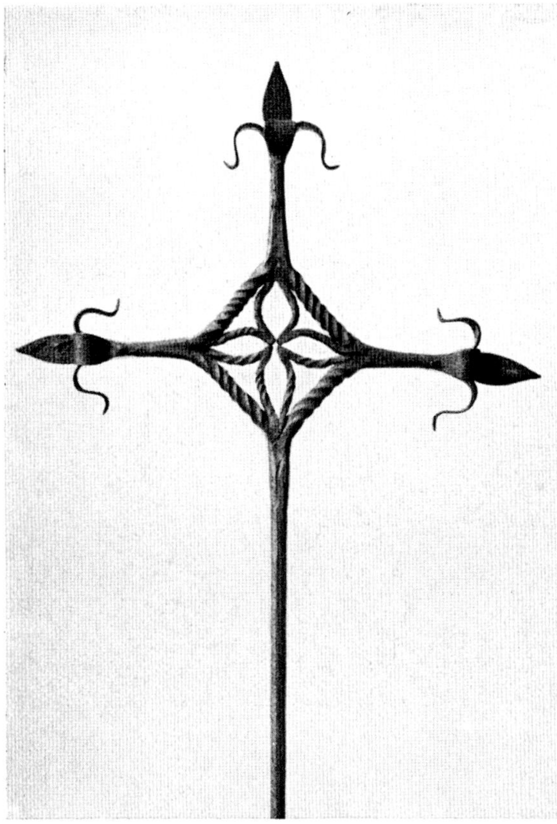

FIG. 129. — Torino. - Museo Civico.

FIG. 130. — Ponte in Valtellina. - Casa Planta.

FIG. 131. — Firenze. - Coll. Peruzziana.

FIG. 132. — Firenze. - Cappella dei Pazzi.

FIG. 133. — Pistoia. - Via Bonfanti.

FIG. 134. — Pistoia. - Via F. Sacini.

FIG. 136. — Milano. - Museo Sforzesco.

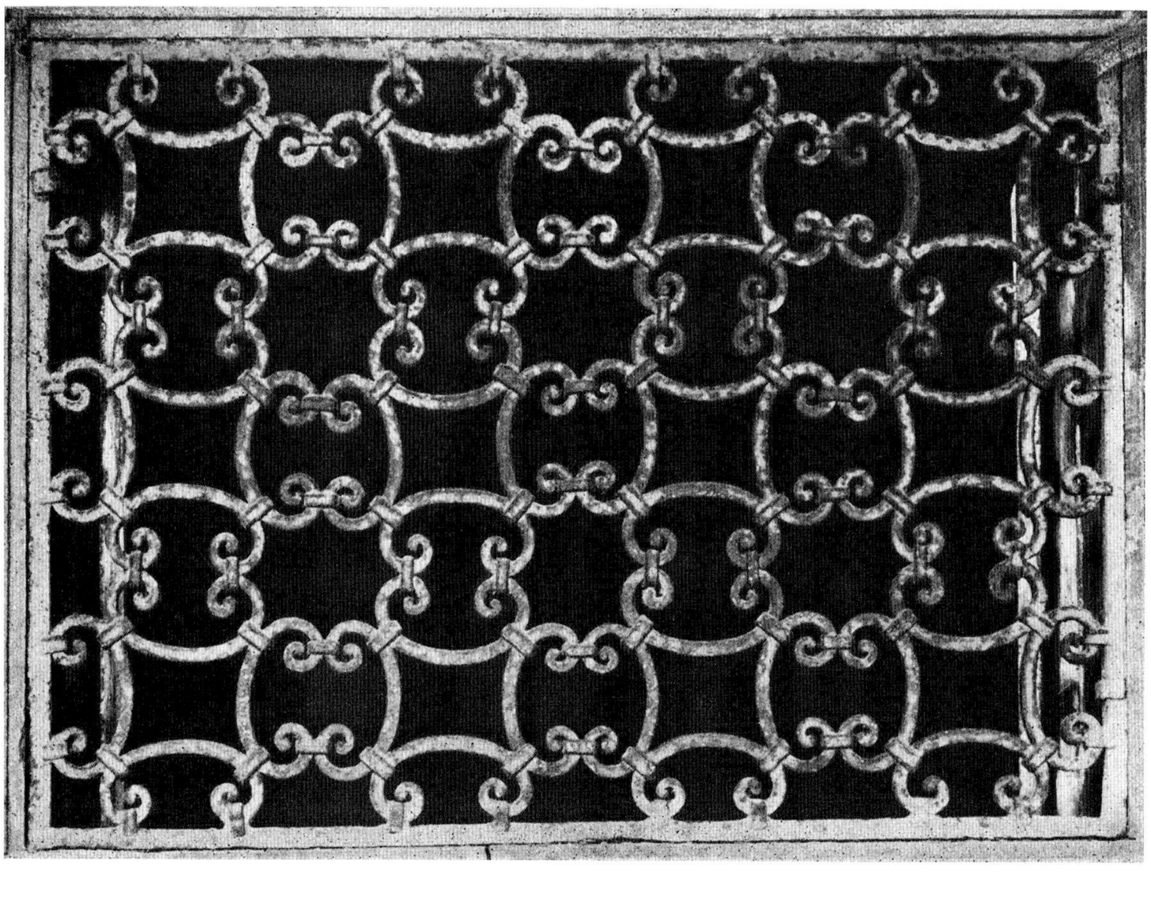

FIG. 135. — Venezia. - Palazzo Ducale.

Fig. 138. — Saluzzo. - Chiesa di S. Giovanni.

Fig. 137. — Torino. - Coll. Accorsi.

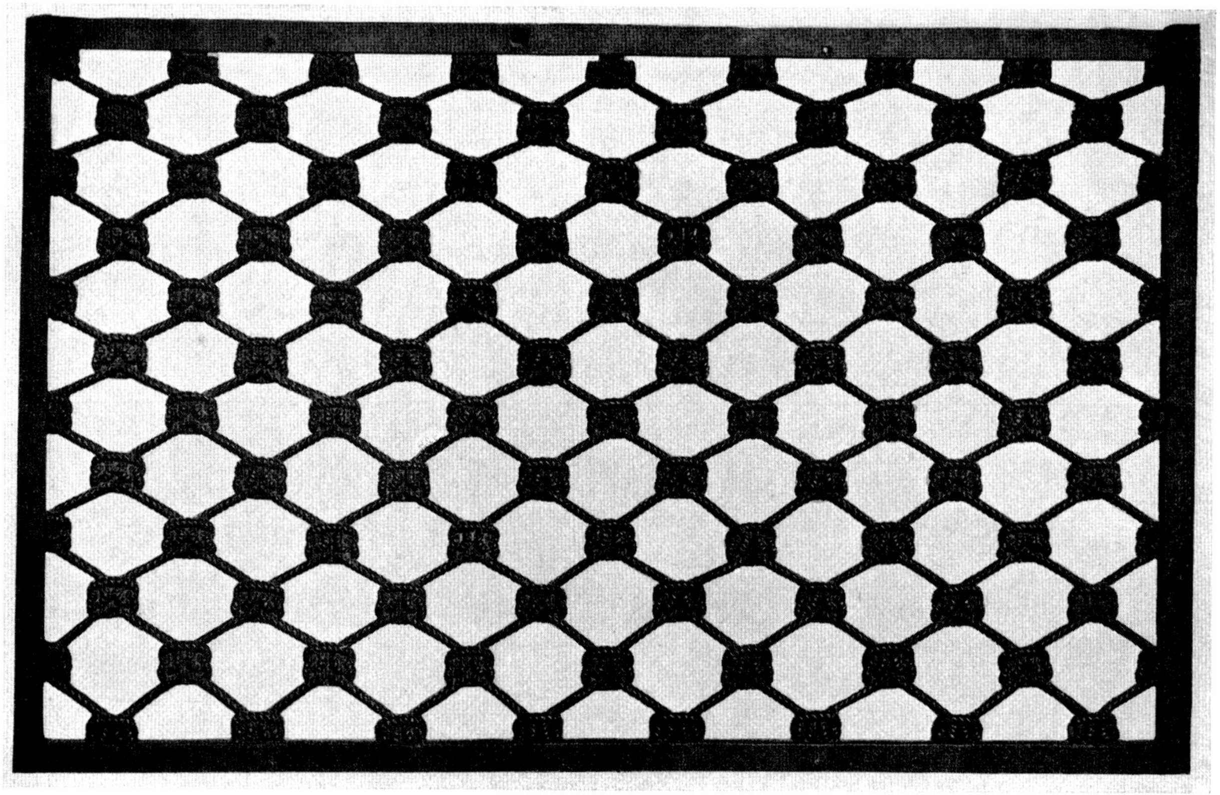

Fig. 139.

Fig. 140. — Milano. - Museo Sforzesco.

FIG. 141.

FIG. 142.

FIG. 143.

FIG. 144.

Sacro Monte d'Orta (Novara).

FIG. 145. — Ravenna - Casa dei fabbri Serafini.

FIG. 146. — Torino. - Chiesa della Missione.

Fig. 147. — Ponte in Valtellina. - Palazzo della Canonica.

Fig. 148. — Certosa di Pavia. - Palazzo Ducale.

Fig. 149. — Rimini. - Via Tempio Malatestiano 8.

Fig. 150. — Orta. - Ossario.

Fig. 151. — Sarzana. - Palazzo Picedi.

Fig. 152. — Firenze. - Cappella degli Spagnuoli.

Fig. 153. — Miasino. - Inferriata dell'Ossario. - 1748.

Fig. 154. — Teglio. - Chiesa di S. Martino.

Fig. 155. — Vicenza. - Palazzo Valmarana.

Fig. 156. — Vicenza. - Palazzo Guzan in Via Reali.

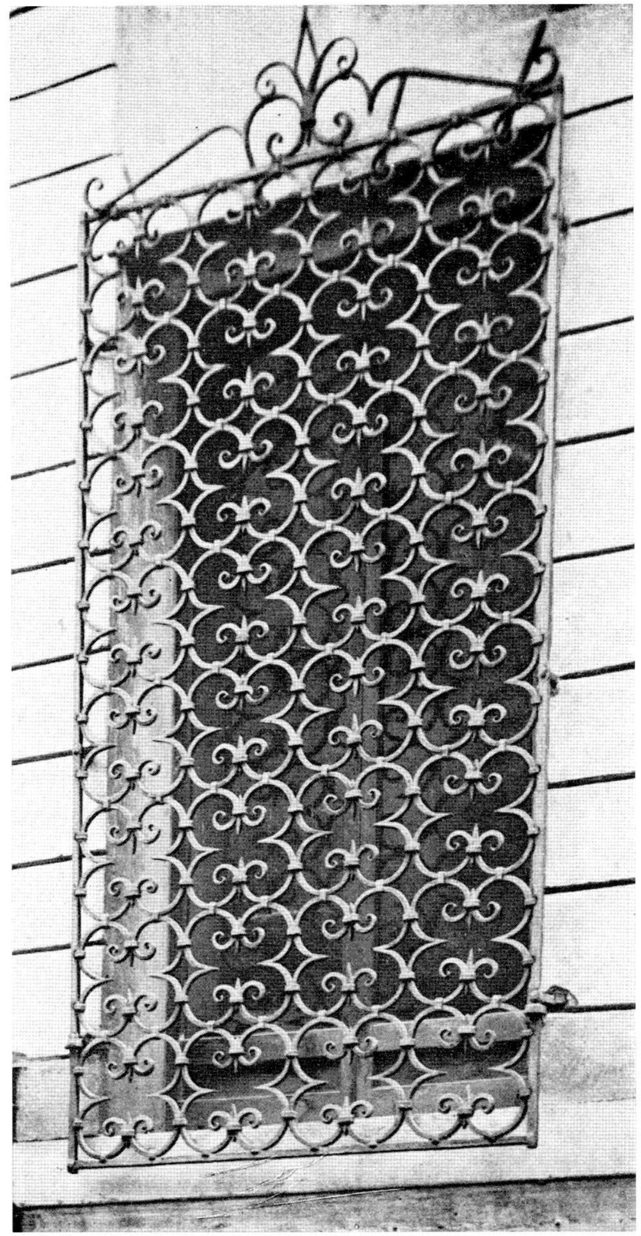

Fig. 157. — Vicenza. - Palazzo Trissino (Municipio).

Fig. 158. — Siena. - Palazzo Bianchi.

Fig. 159. — Pistoia. - Palazzo Tolomei.

FIG. 160. — Siena. - Palazzo Bruchi.

FIG. 161. — Rimini. - Via Tempio Malatestiano.

Fig. 162 - 163. — Tramonte (Padova). - Villa Rosa.

Fig. 164 - 165. — Tramonte (Padova). - Villa Rosa.

Fig. 166. — Torino. - Cappella di Palazzo Reale.

Fig. 167. — Milano. - Museo Sforzesco.

Fig. 168. — Firenze. - Palazzo Amerighi. - 1770.

Fig. 169. — Padova. - Palazzo Selvatico Este.

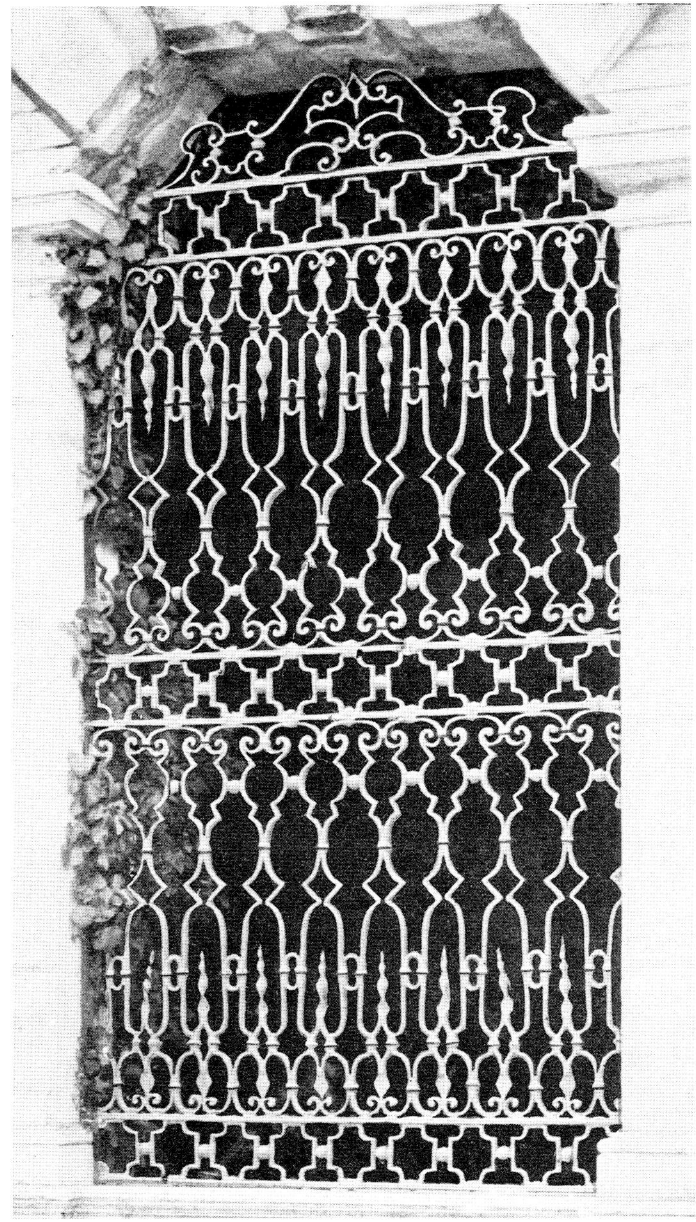

Fig. 170 e 171. — Strà. - Villa Nazionale.

Fig. 172. — Roma - Palazzo Doria. (Al Corso).

Fig. 173. — Torino. Chiesa di S. Francesco d'Assisi.

Fig. 174. — Strà. - Villa Nazionale.

Fig. 175. — Vicenza. - Corso Principe Umberto.

Fig. 176. — Modena. - Ospedale.

FIG. 177. — Modena. - Ospedale.

Fig. 178. — Torino. - Chiesa di S. Filippo.

Fig. 179. — Torino. - Basilica di Superga.

Fig. 180. — Firenze. - Certosa del Galluzzo.

Fig. 181. — Firenze. - Certosa del Galluzzo.

Fig. 182. — Bologna. - Palazzo Bevilacqua.

Fig. 183. — Bologna. - Palazzo Bevilacqua.

FIG. 184 e 185. — Bologna. - Museo Civico.

Fig. 186. — Bologna. - Museo Civico. - (Già nel Palazzo Salina Bolognini).

Fig. 187. — Viterbo. - Convento di Santa Maria della Quercia.

Fig. 188. — Firenze. - Palazzo Giugni.

FIG. 189. — Siena. - Via Stalloreggi 22.

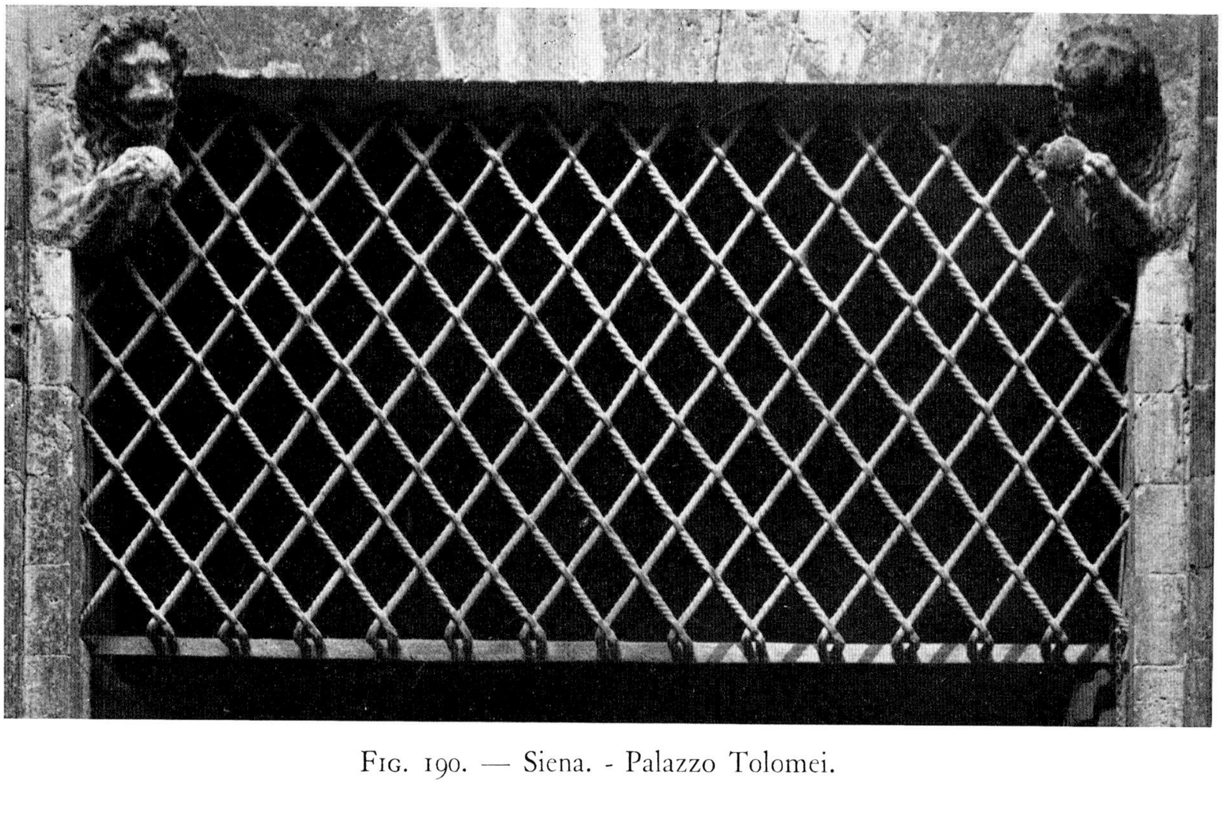

FIG. 190. — Siena. - Palazzo Tolomei.

Fig. 191. — Brescia. - Palazzo Broletto.

Fig. 192. — Lucca. - Cassa di Risparmio.

Fig. 193. — Pisa. - Palazzo Municipale.

FIG. 194. — Lucca. - Monastero della S. Trinità.

Fig. 195. — Brescia. - Palazzo Martinengo Cesareo.

Fig. 196. — Milano. - Via Fiori Oscuri 3.

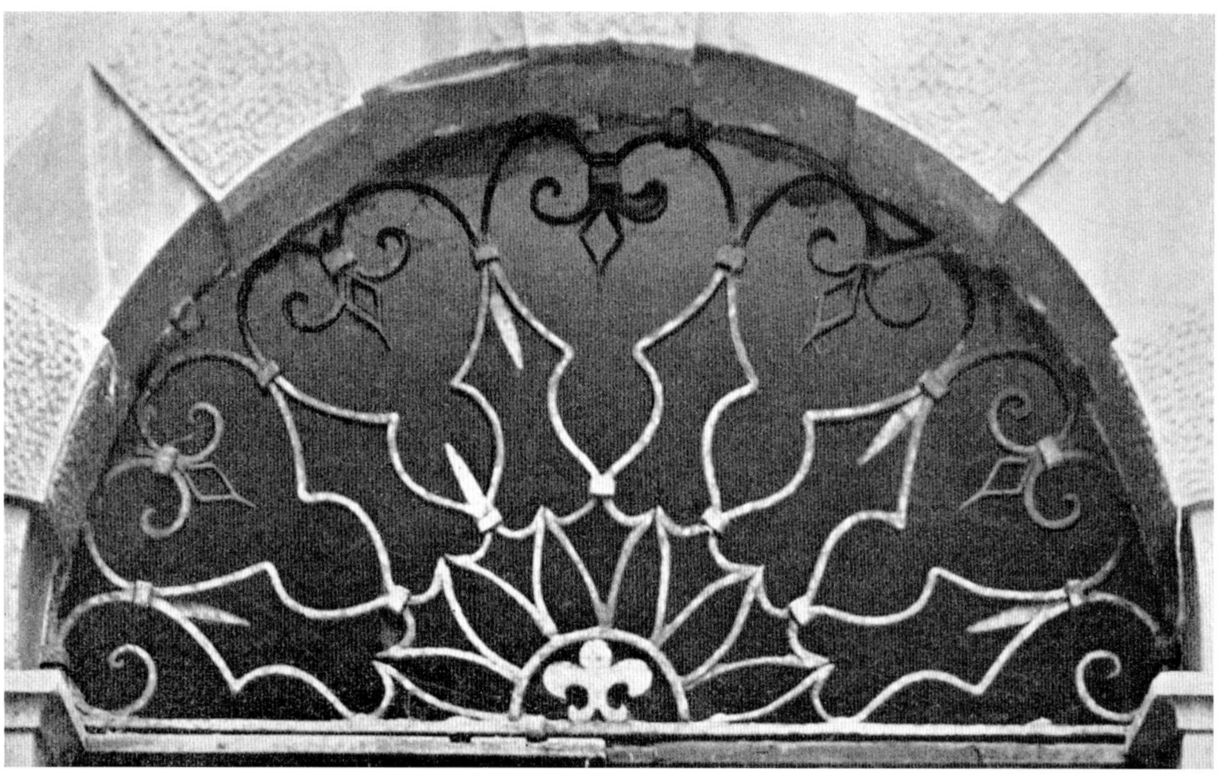

FIG. 197 - 198. — Padova. - Sinagoga.

Fig. 199. — Venezia. - Palazzo Ducale. - (Verso Rio Della Paglia).

Fig. 200. — Lucca. - Via Cesare Battisti 7.

Fig. 201. — Genova. - Palazzo Pallavicini. - (Via Garibaldi).

FIG. 202. — Genova. - Via Garibaldi 6.

FIG. 203. — Genova. - Via Garibaldi 4.

Fig. 204. — Genova. - Vicolo di S. Filippo 2.

Fig. 205. — Venezia. - Palazzo Ducale. - (Verso Rio Della Paglia).

Fig. 206. — Lucca.

Fig. 207. — Lucca.

FIG. 208. — Siena. - Via Del Capitano.

G. 209. — Siena. - Palazzo della Prefettura.

Fig. 210. — Padova. - Sinagoga.

Fig. 211. — Milano. - Via Tre Alberghi.

Fig. 212. — Tramonte (Padova). - Villa Rosa.

Fig. 213. — Pistoia. - Via del Can Bianco.

Fig. 214. — Siena. - Via di Città.

Fig. 215. — Siena. - Via Ricasoli.

Fig. 216. — Vicenza. - Contrà Santa

Fig. 217 - 218. — Miasino (Novara). - Casa in Via alla Quazzola

Fig. 219. — Torino. - Palazzo Accademia delle Scienze.

Fig. 220. — Torino. - Museo Civico. - (Proveniente da Arona).

Fig. 221. — Milano. - Via Durini 20.

Fig. 222. — Roma. - Palazzo Doria.

Fig. 223. — Siena. - Chiesa di Santa Lucia.

Fig. 224. — Viterbo. - Via S. Lorenzo 33.

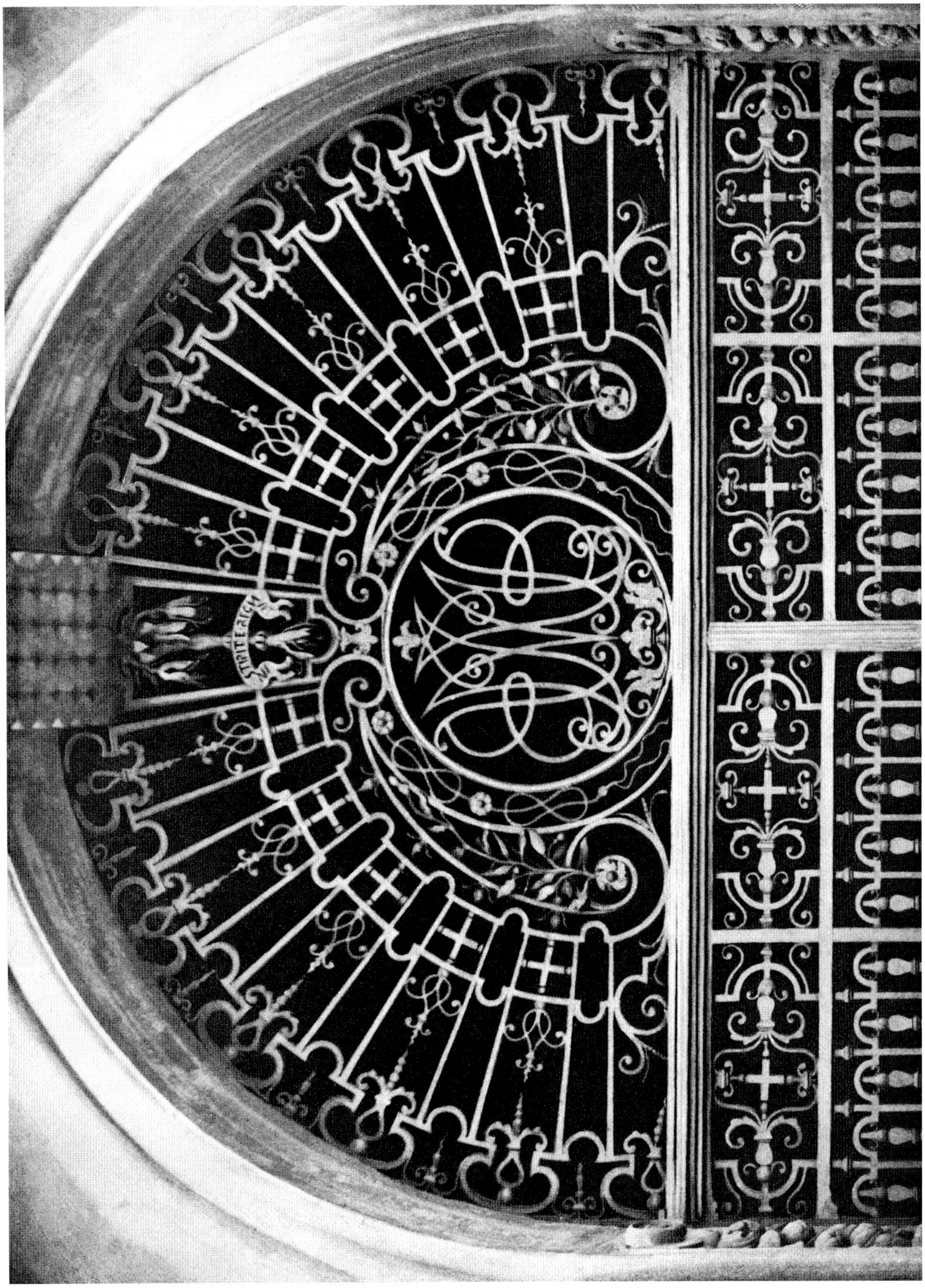

Fig. 225. — Torino. - Palazzo Madama.

FIG. 226. — Firenze. - Coll. Peruzziana.

FIG. 227. — Firenze. - Coll. Peruzziana.

FIG. 228. — Pistoia. - Piazza Mazzini.

FIG. 229. — Torino. - Piazzetta di S. Teresa.

FIG. 230. — Cuneo. - (Coll. Bertoni. - Saluzzo).

FIG. 231. — Roma. - Piazza del Foro Traiano.

FIG. 232. — Torino. - Palazzo Cavour.

FIG. 233. — Torino. - Via Lagrange 20.

Fig. 234. — Mantova. - Via Meazzi 10.

Fig. 235. — Torino. - Via Alfieri. - Palazzo Riccardi.

Fig. 236. — Milano. - Palazzo già Cusani.

FIG. 237. — Torino. - Palazzo Paesana.

Fig. 238. — Lago d'Orta. - Isola di S. Giulio.

FIG. 239. — Torino. - Via XX Settembre 50.

FIG. 240. — Torino. - Piazza S. Carlo 10.

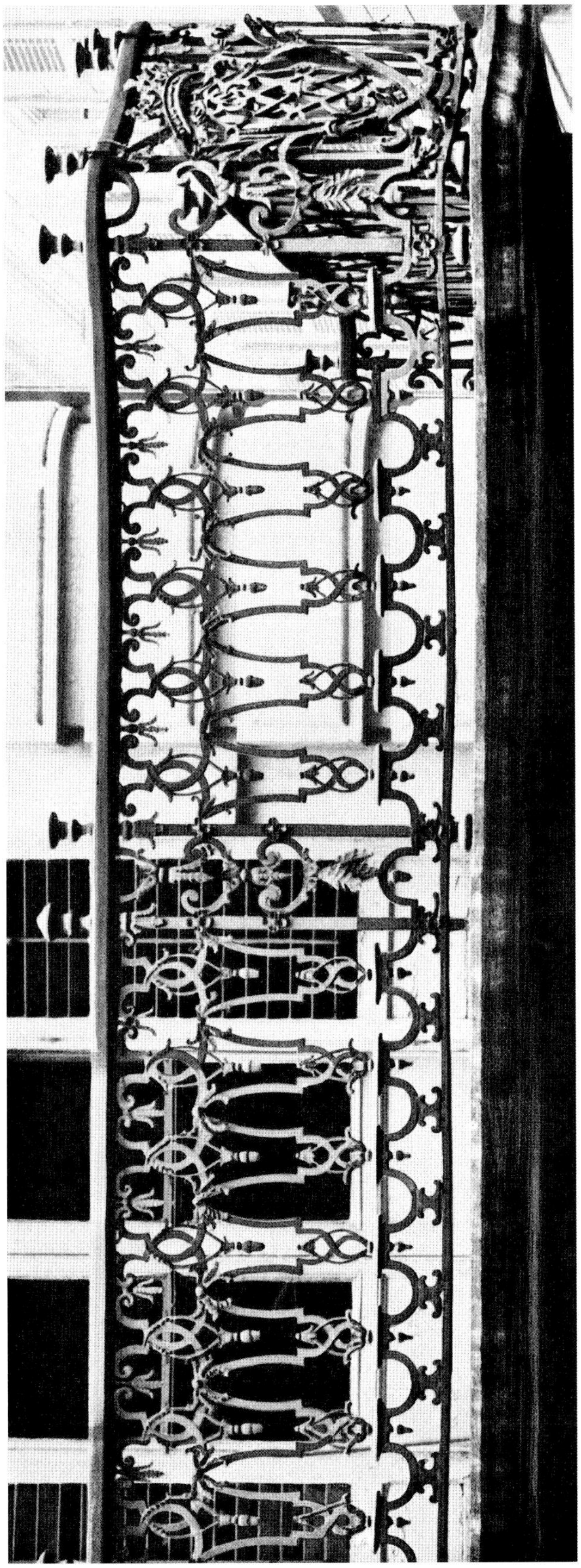

Fig. 241. — Torino. - Palazzo Barolo.

Fig. 242. — Torino. - Via della Consolata 4.

Fig. 243. — Padova. - Palazzo Selvatico Este.

Fig. 244. — Arezzo. - Palazzo Lambardi.

Fig. 245. — Torino. - Via della Consolata 3.

Fig. 246. — Milano. - Via Monte di Pietà 14.

FIG. 247 - 248. — Milano. - Via Borgo Nuovo 12 e 5.

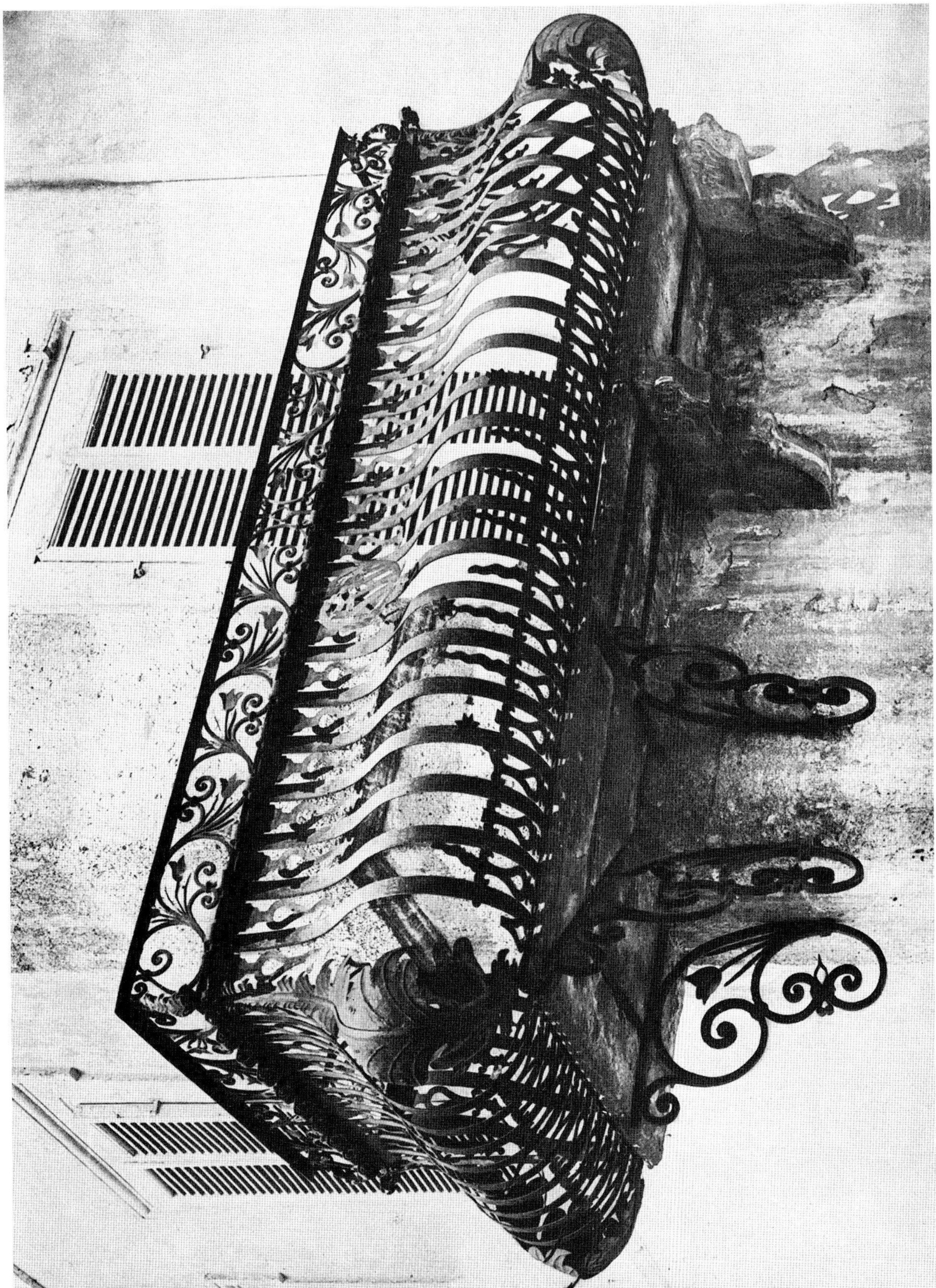

Fig. 249. — Norcia (Umbria).

FIG. 250. — Pisa. - Palazzo Simoneschi.

FIG. 251. — Vercelli. - Piazza Tizzoni.

Fig. 252. — Torino. - Via Garibaldi 25.

Fig. 253. — Torino. - Via Lagrange 20.

FIG. 254. — Vicenza. - Palazzo ora Banca d'Italia.

FIG. 255. — Milano. - Via Durini 24.

Fig. 256. — Genova. - Oratorio di S. Filippo.

Fig. 257. — Milano. - Via Borgo Spesso.

Fig. 258. — Cremona. - Via Borgospera 9.

Fig. 259. — Orta (Novara).

FIG. 260. — Siena. - Via Stalloreggi 14.

Fig. 261. — Modena. - R. Università.

FIG. 262. — Mantova. - Palazzo Ducale.

FIG. 263. — Modena. - Corso Cavour 7.

Fig. 264. — Cremona. - Via Beltrami 10.

Fig. 265. — Cremona. - Via Cesare Battisti 5.

Fig. 266. — Cremona - Via Borgospera 5.

Fig. 267. — Milano. - Via A. Manzoni.

Fig. 268. — Milano. - Via S. Pietro all'Orto 12.

Fig. 269. — Strà (Padova). - Villa Pisani.

Fig. 270. — Torino. - Museo Civico.

Fig. 271. — Milano. - Via Tre Alberghi.

Fig. 272. — Brescia. - Palazzo Martinengo da Barco. (Ora Pinacoteca).

Fig. 273. — Orta (Novara). - Basilica dell'Isola di S. Giulio.

Fig. 274. — Orta (Novara).

Fig. 275. — Lucca. - Palazzo Massoni.

Fig. 276. — Bologna. - Via Manzoni 4.

Fig. 277. — Lucca. - Via Angelo Custode.

Fig. 278. — Pisa. - Duomo.

Fig. 279. — Torino. - Chiesa della Missione.

FIG. 280. — Cremona. - Via Tribunali 4.

FIG. 281. — Vicenza. - Casa del Palladio.

FIG. 282. — Brescia. - Palazzo Salvadego.

Fig. 283. — Lucca. - Palazzo Burlamacchi.

Fig. 284. — Torino. - Chiesa di S. Lorenzo.

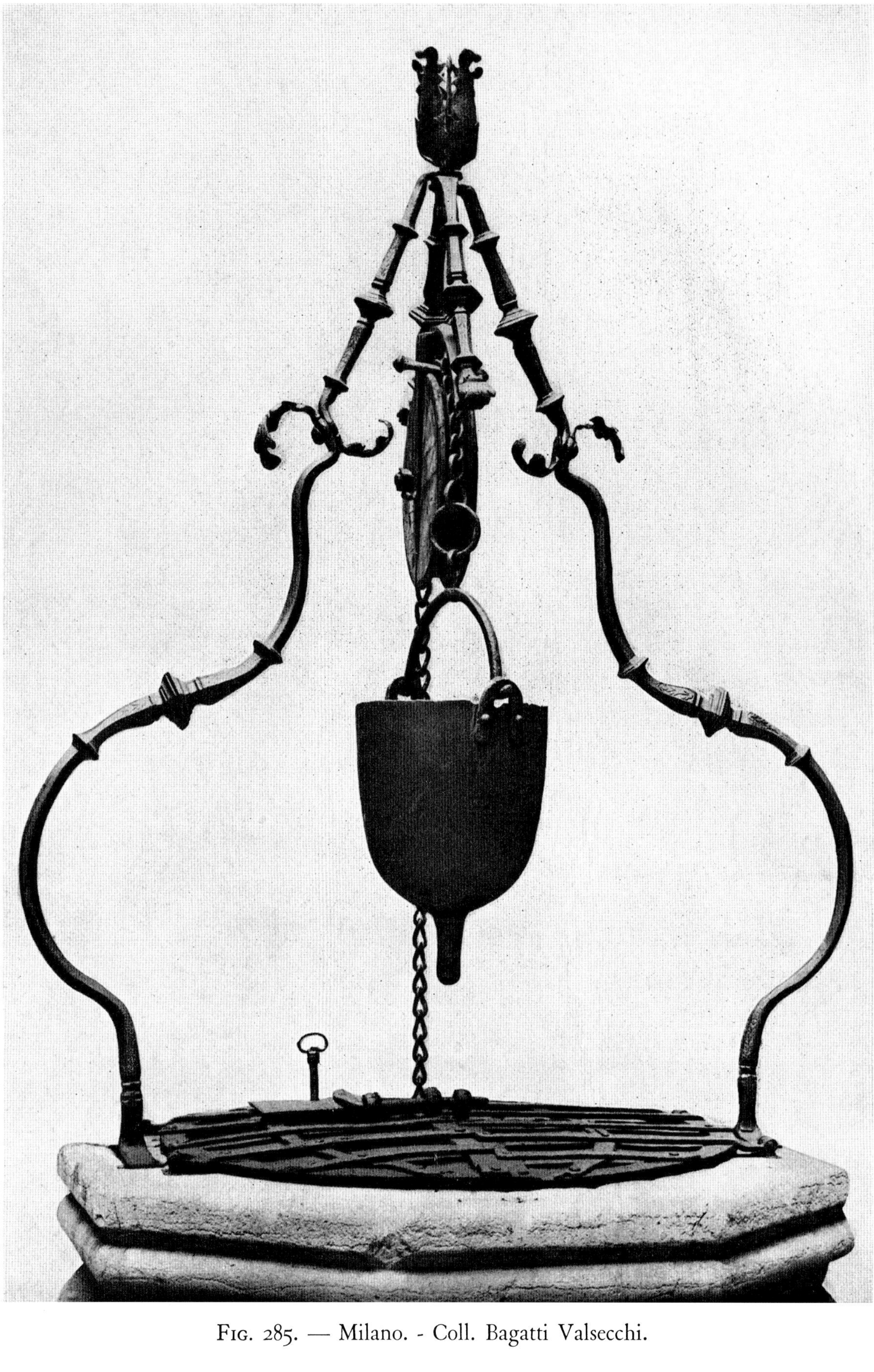

Fig. 285. — Milano. - Coll. Bagatti Valsecchi.

Fig. 286. — Teglio (Valtellina). - Palazzotto Besta.

Fig. 287. — Firenze. - Certosa del Galluzzo.

FIG. 288. — Vicenza. - Istituto Dame Inglesi.

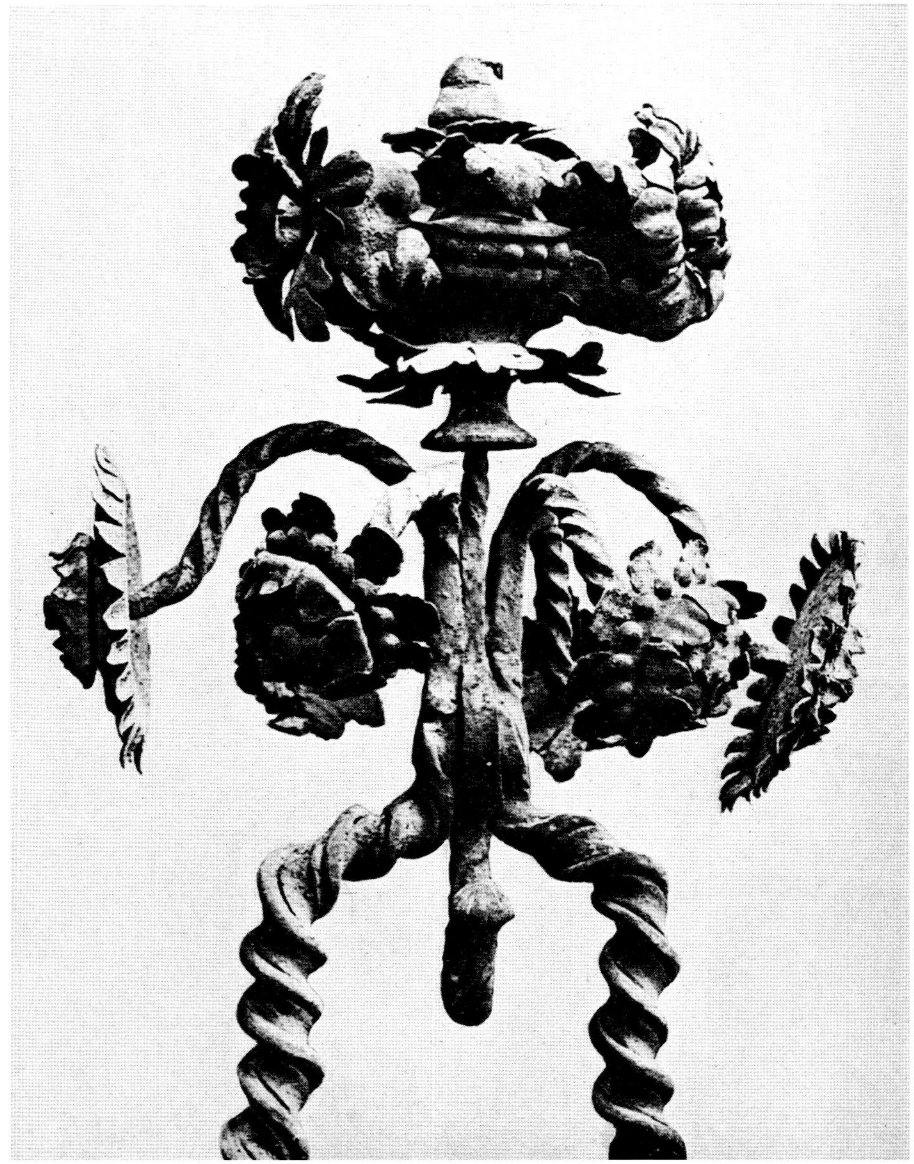

FIG. 289. — Ferrara.

FIG. 290. — Valle d'Aosta. - Maniero di Issogne.

Fig. 291. — Torino. - Castello Medioevale.

Fig. 292. — Genova. - Palazzo Cambiaso. - (Vico della Lepre).

Fig. 293. — Teglio. - Valtellina.

FIG. 294. — Valle d'Aosta. - Maniero di Issogne.

FIG. 295. — Aosta.

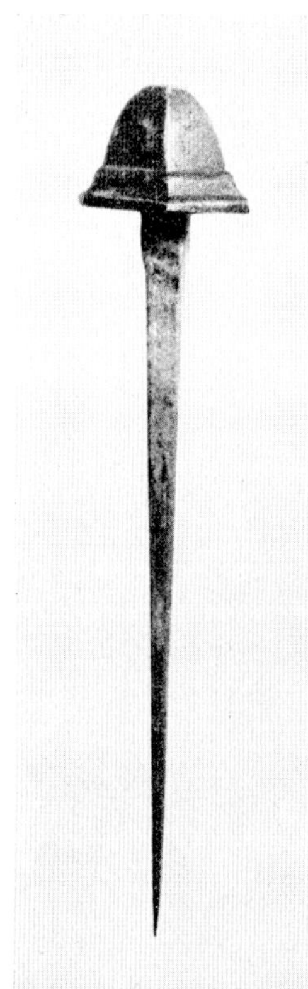

FIG. 296. — Torino. - Museo Civico.

Fig. 297. — Teglio. - Valtellina.

Fig. 298. — Milano. - Coll. Mylius.

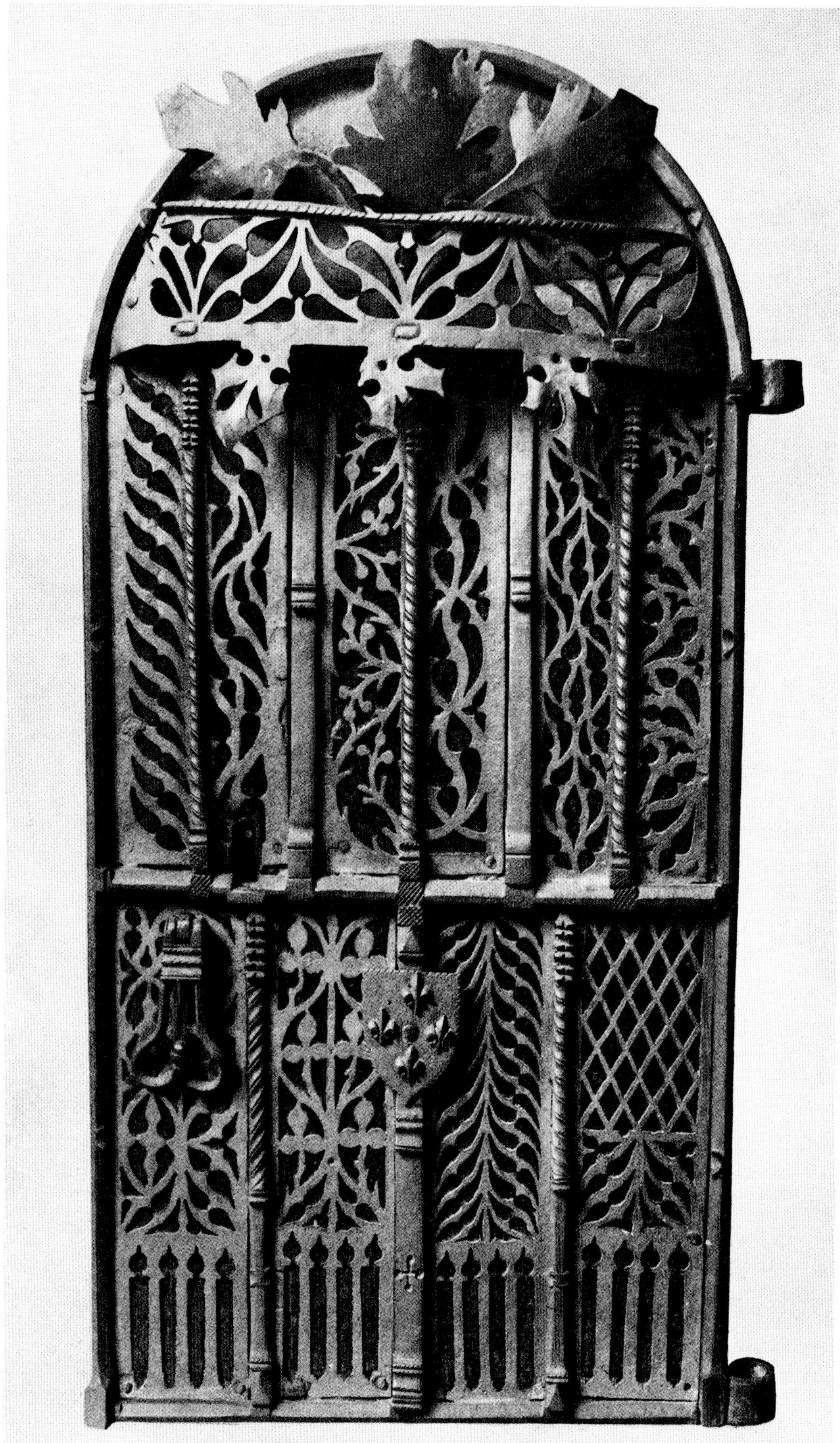

Fig. 299. — Torino. - Museo Civico.

Fig. 300. — Valle d'Aosta. - Maniero di Issogne.

Fig. 301. — Bologna. - Museo Civico.

Fig. 302. — Torino. - Museo Civico.

Fig. 303. — Milano. - Museo Sforzesco.

FIG. 304. — Torino. - Museo Civico.

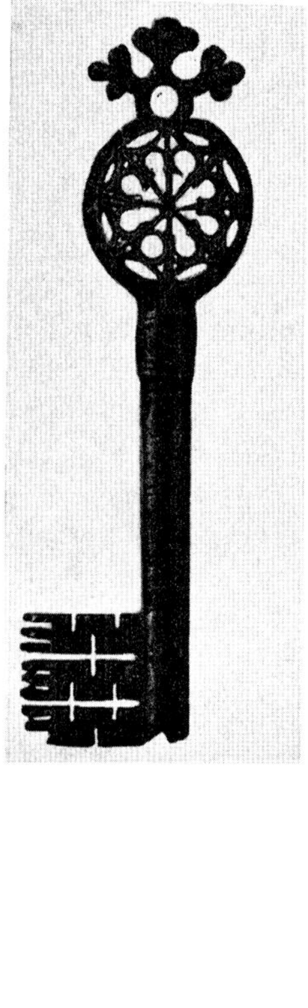

FIG. 305 - 306 - 307. — Torino. - Museo Civico.

Fig. 308. — Bologna. - Museo Civico.

FIG. 309. — Torino. - Museo Civico.

FIG. 310. — Toscana. - Coll. Peruzziana.
Secolo XVI.

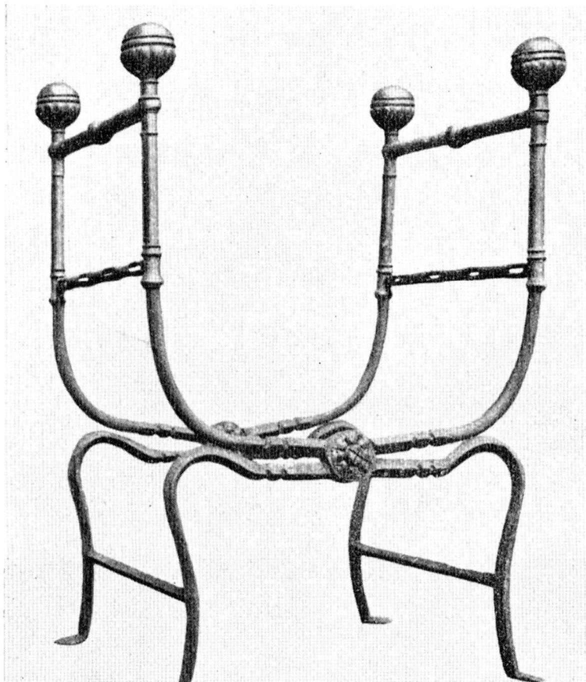

FIG. 311. — Saluzzo. - Coll. Bertoni.
Secolo XVII.

FIG. 312. — Roma. - Castel Sant'Angelo - 1912.

Fig. 313. — Brescia. - Museo età Cristiana.

Fig. 314. — Firenze. - Coll. Peruzziana.

Fig. 315. — Milano. - Museo Sforzesco.

Fig. 316. — Milano. - Museo Sforzesco.

Fig. 317 - 318. — Torino. - Museo Civico.

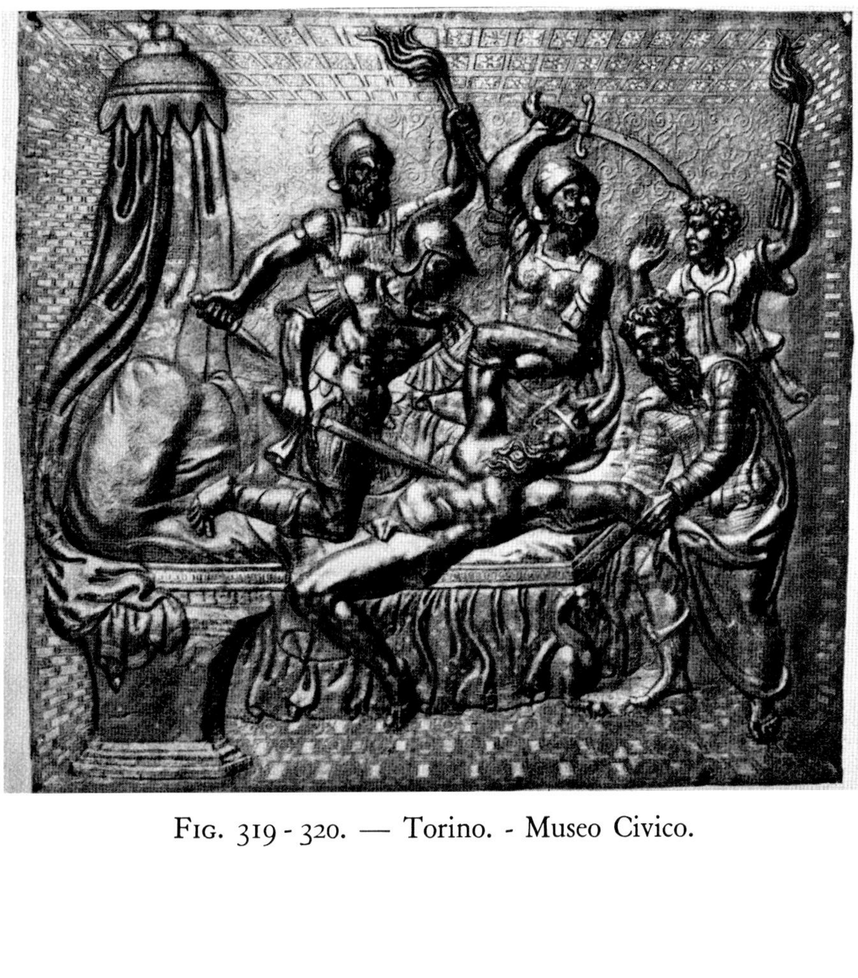

Fig. 319 - 320. — Torino. - Museo Civico.

Fig. 321. — Firenze. - Museo Stibbert.

Fig. 322. — Venezia. - Museo Correr.

Fig. 323 a 327. — Firenze. - Museo Nazionale.

Fig. 328. — Aosta. - Sacrestia del Duomo.

Fig. 329. — Torino. - Museo Civico.

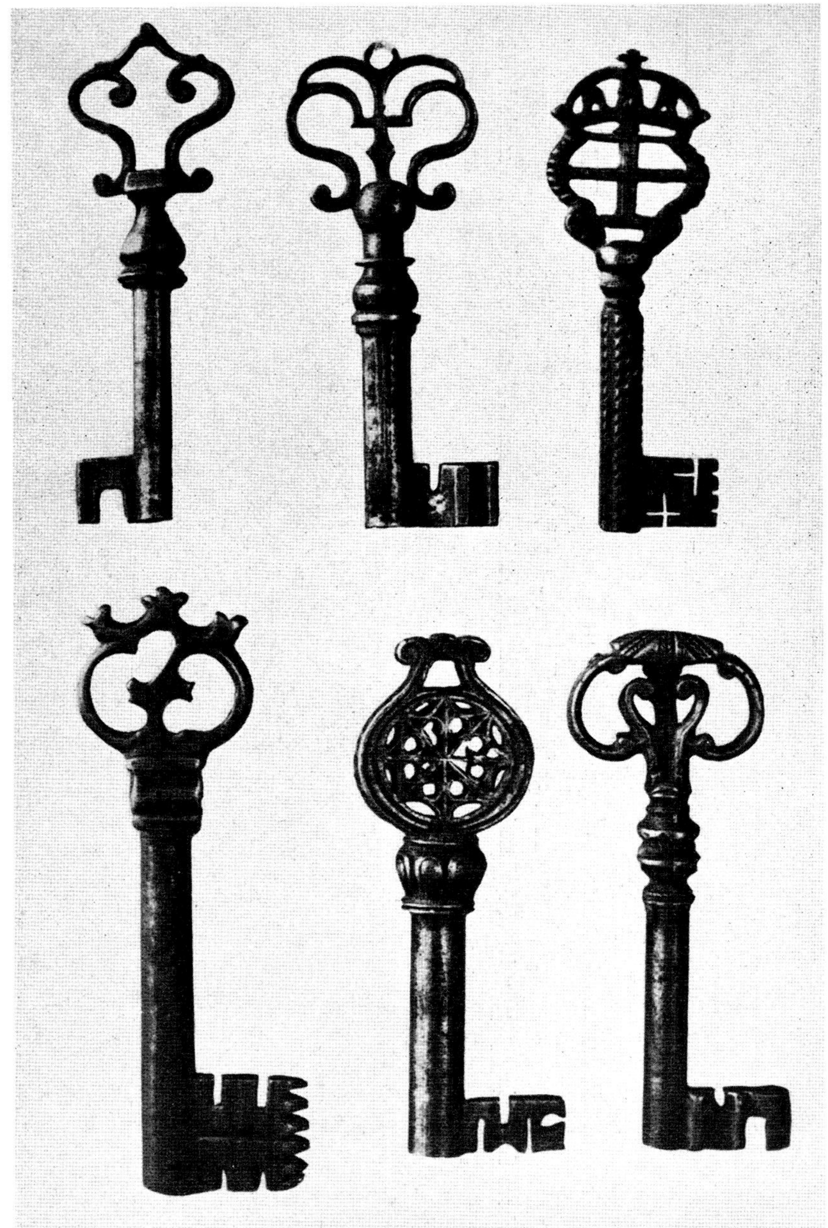

Fig. 330 a 335. — Torino. - Museo Civico.

FIG. 336. — Milano. - Coll. Mylius.

FIG. 337 a 339. — Milano. - Coll. Mylius.

FIG. 340 - 341. — Torino. - Museo Civico.

FIG. 342 - 343. — Bologna. - Museo Artistico Industriale.

FIG. 344 a 352. — Torino. - Museo Civico.

Fig. 353 a 364. — Firenze. - Museo Nazionale.

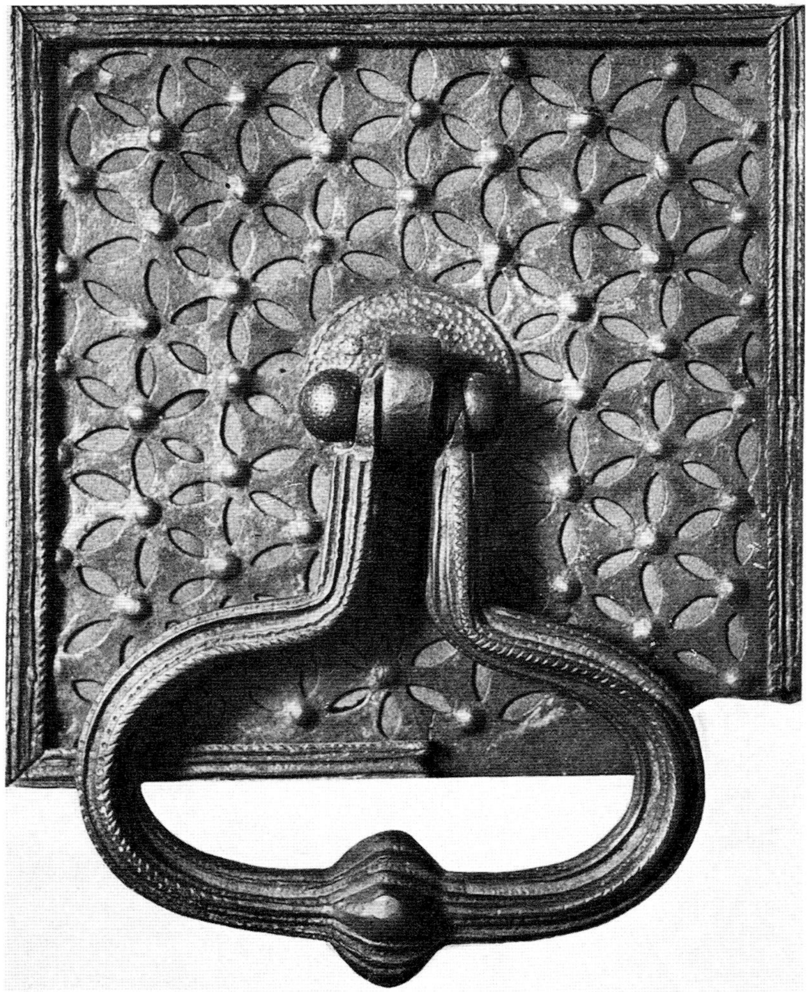

Fig. 365. — Milano. - Museo Sforzesco.

Fig. 366. — Milano. - Museo Sforzesco.

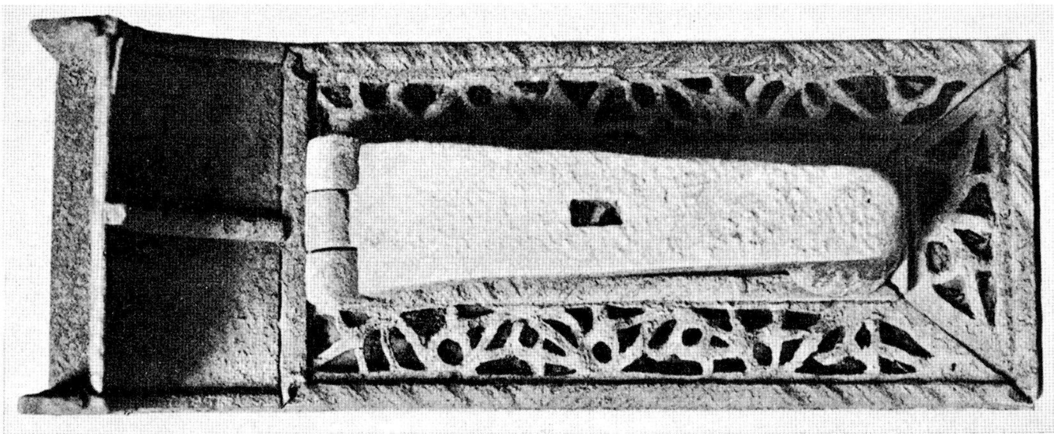

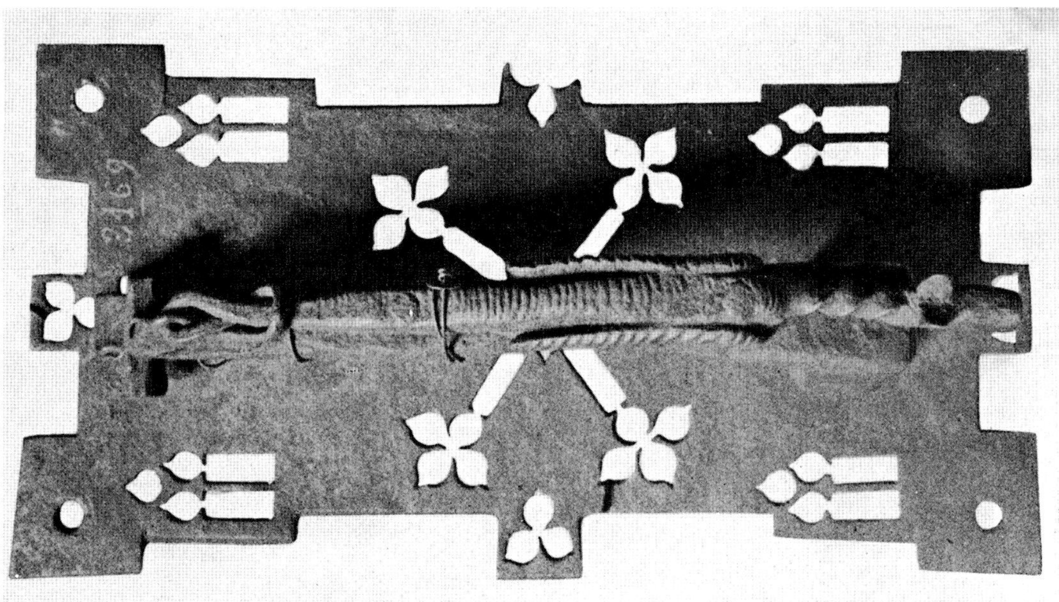

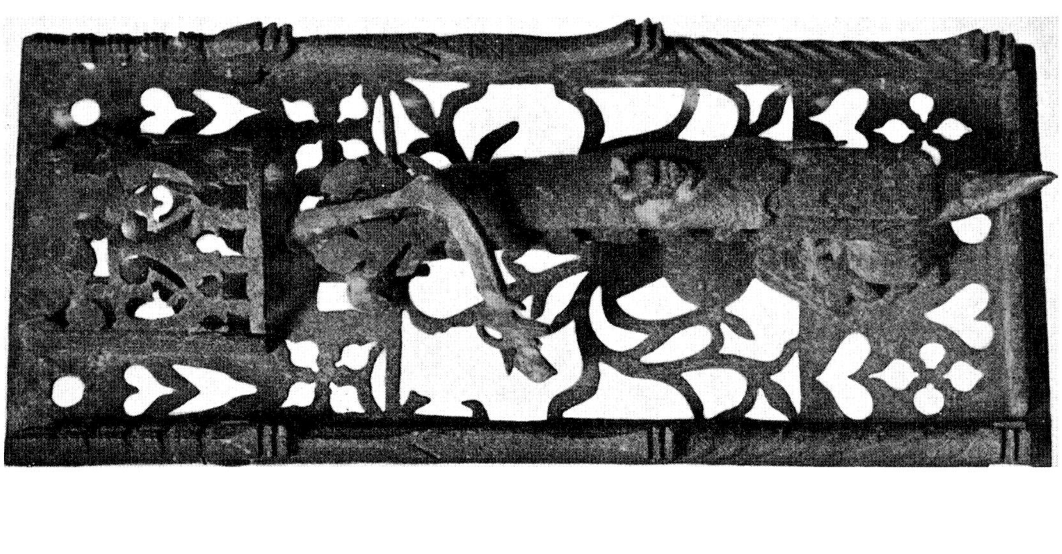

FIG. 367 - 368 - 369. — Torino. - Museo Civico.

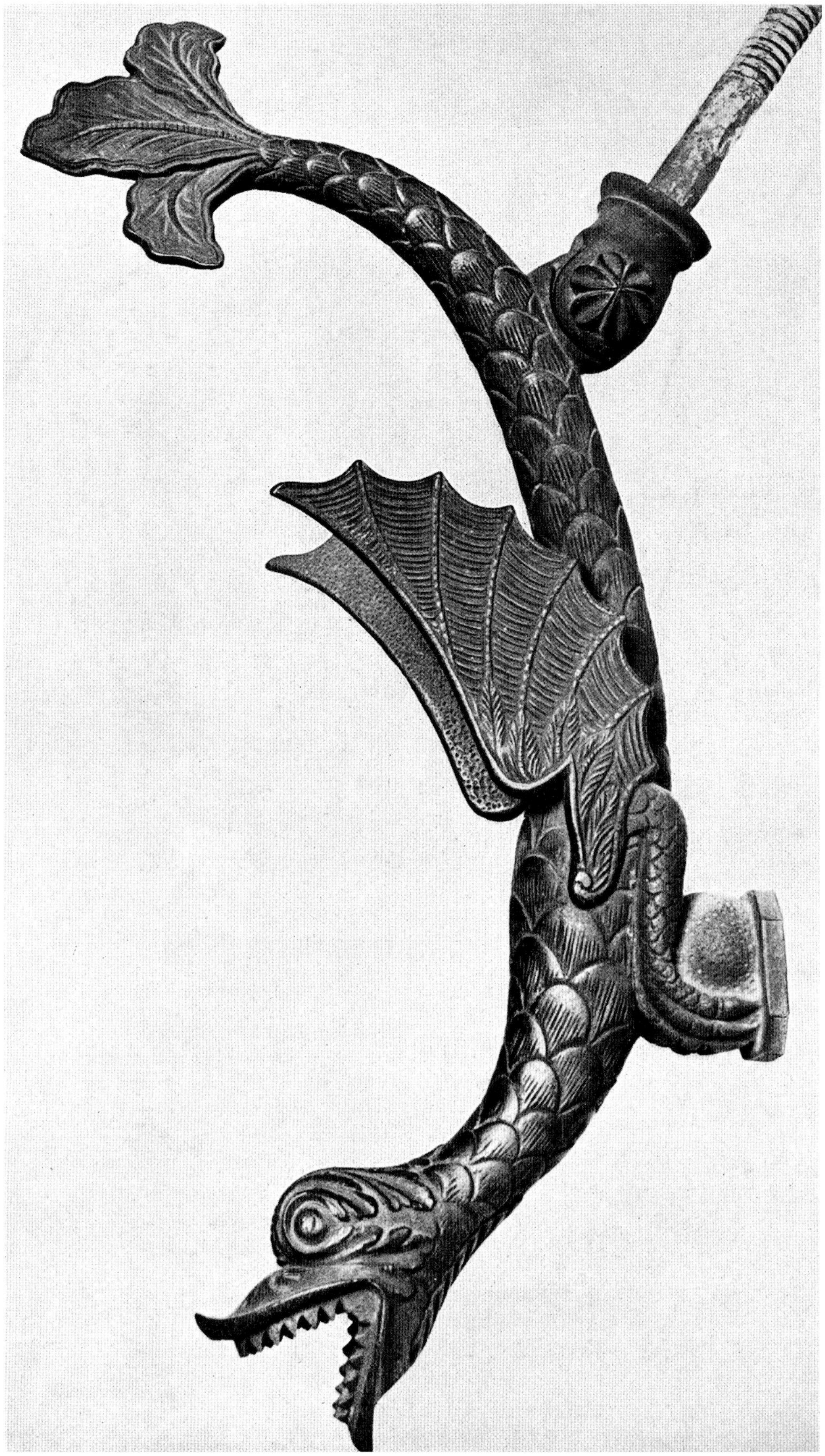

FIG. 370. — Milano. - Coll. Mylius.

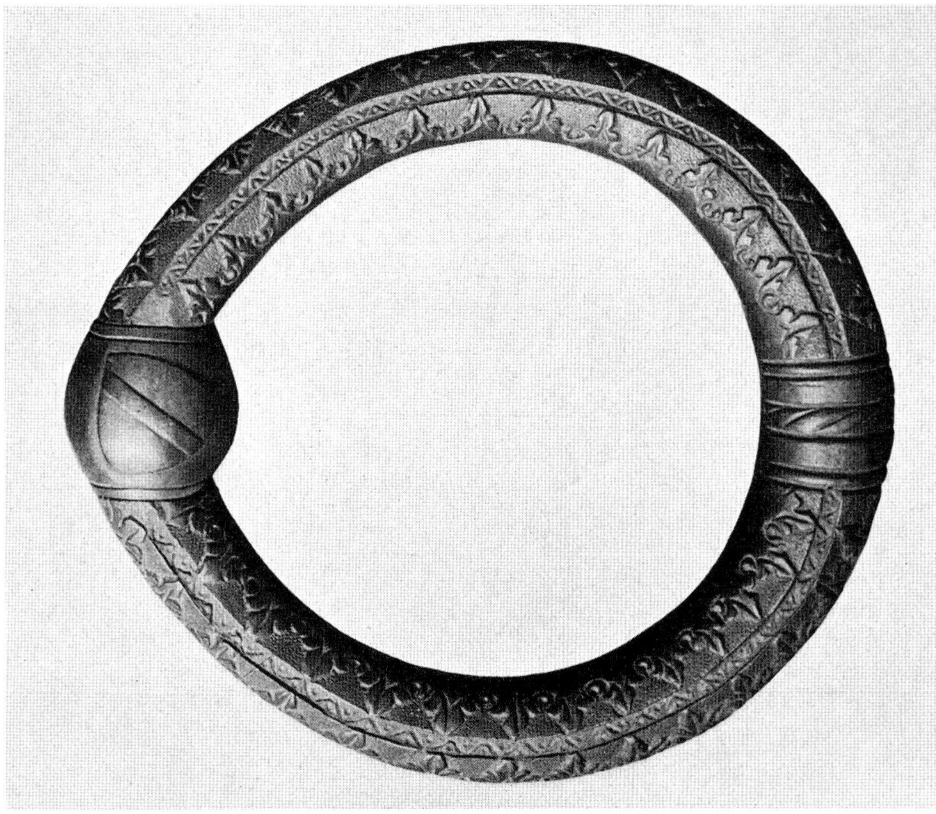

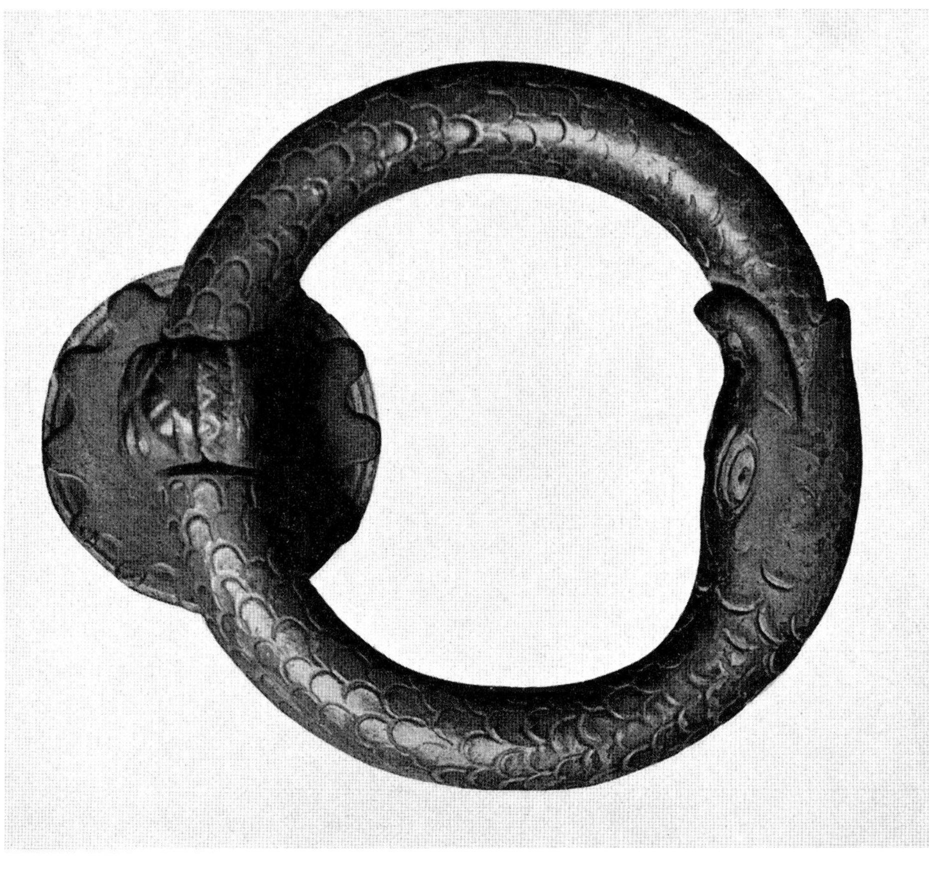

FIG. 371 - 372. — Milano. - Museo Sforzesco.

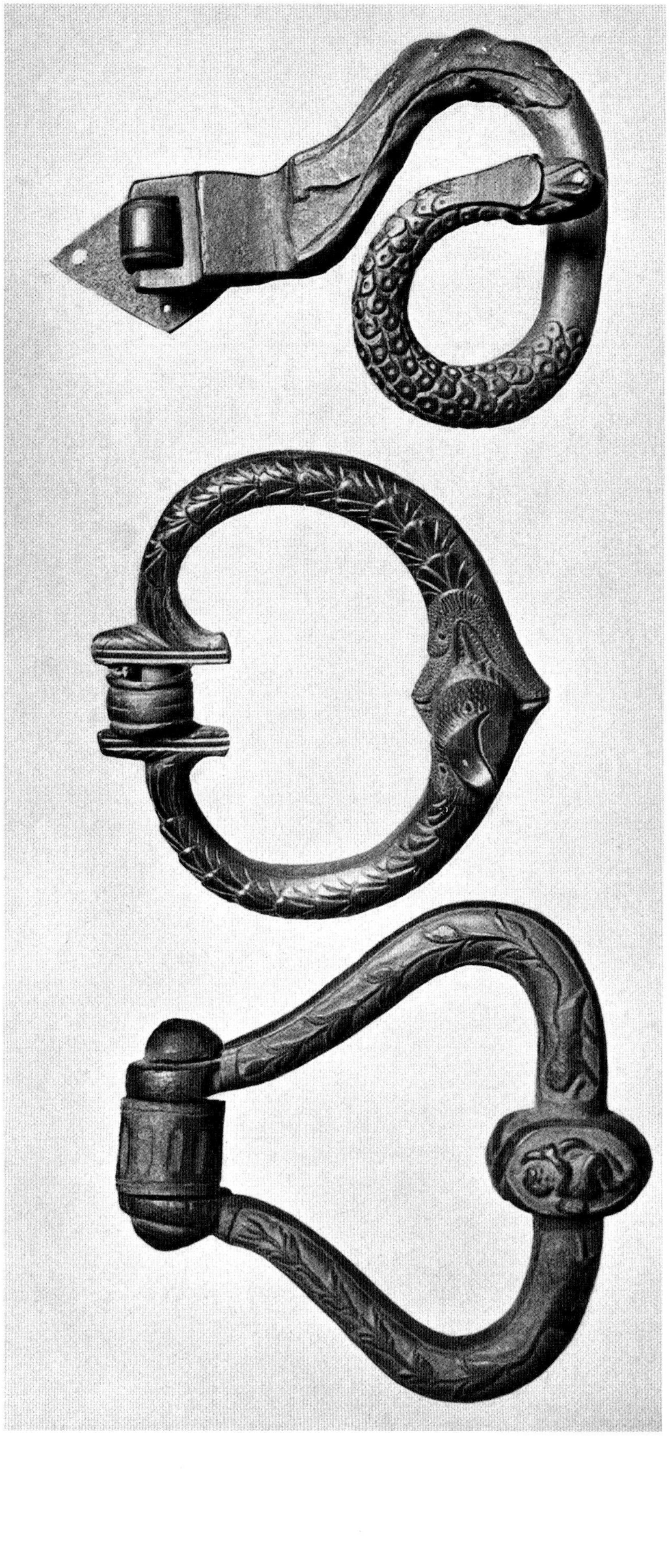

Fig. 373 - 374 - 375. — Milano. - Coll. Mylius.

Fig. 376. — Lombardo Veneto.

Fig. 377. — Veneto ed Emilia.

Fig. 378. — Alta Lombardia.

Fig. 379. — Lucca. - Pal. Orsetti.

Fig. 380. — Saluzzo. - Casa Cavassa.

Fig. 381. — Bologna. - Museo Art. Industriale.

Fig. 382. — Bologna. - Museo Art. Industriale.

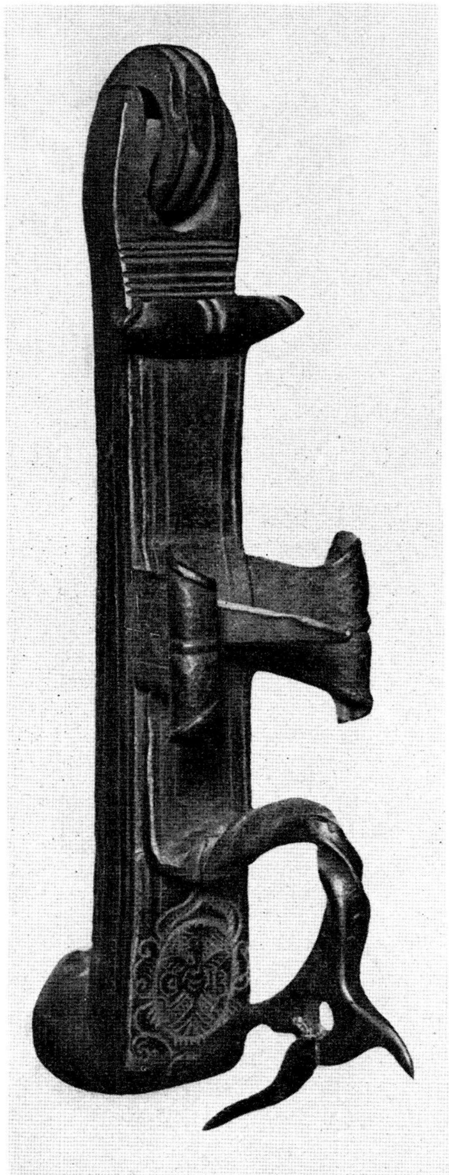

FIG. 383. — Lombardo Veneto.

FIG. 384. — Viterbo. - Pal. Papale.

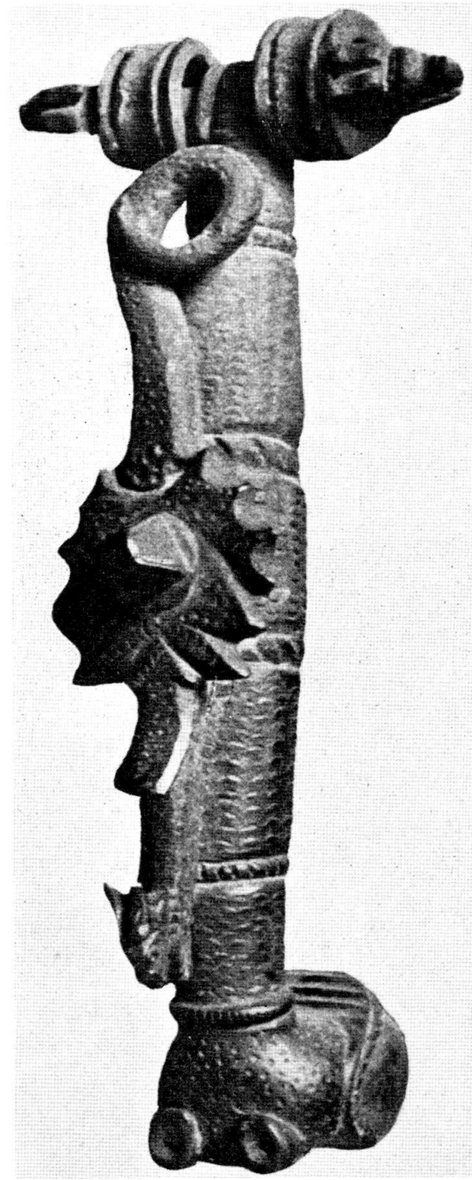

FIG. 385. — Lombardia.

Fig. 386 a forma di drago a grosse squame.

Fig. 387 a tortiglione ed a volute.

Fig. 388 a piastra traforata con elementi a foggia di gancio.

Fig. 389 a forma di drago inarcantesi.

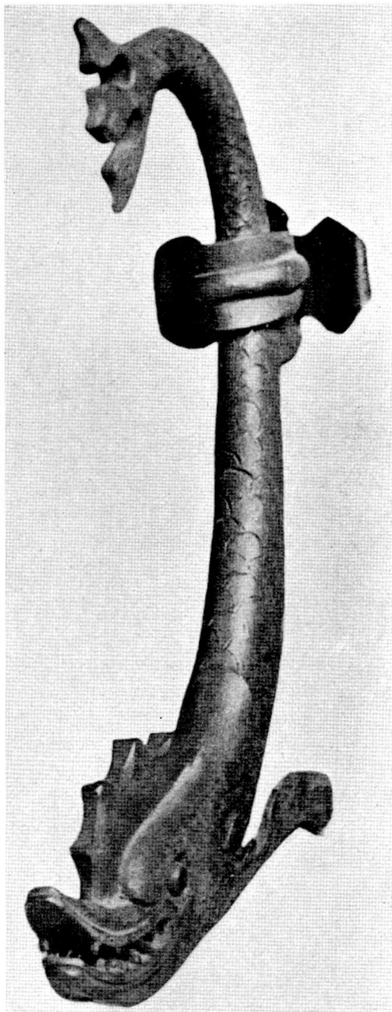

Fig. 390 a forma di delfino a coda trilobata. - Italia Centrale.

Fig. 391 lavorato a foglie di acanto. - Lombardia.

Fig. 392 con intaccature, dado sfaccettato, terminante a cartoccio. - Lombardia.

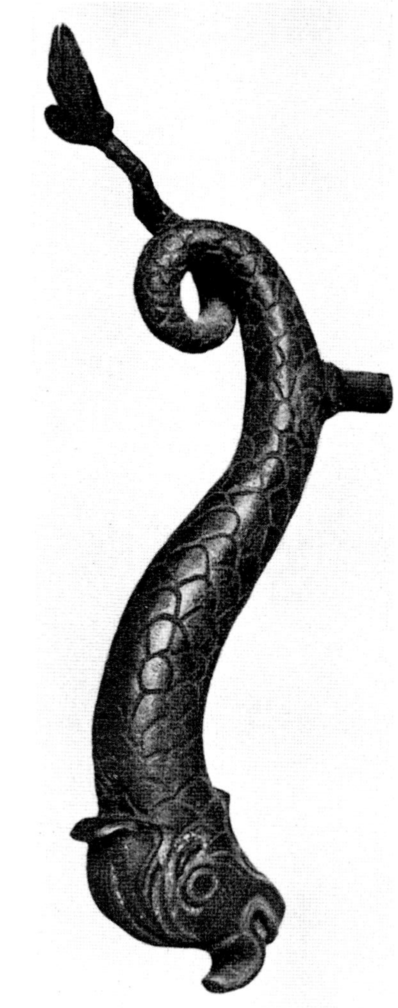

Fig. 393 a forma di delfino. Italia Centrale.

FIG. 394. — a corna di foglie di quercia. Lombardo-Veneto. - Secolo XVI.

FIG. 395. — con mascherone abozzato e volute annodate a cerchio. - Valtellina. - Secolo XVI.

FIG. 396. — a merlettatura con teſtina al basso. Valtellina. - Principio secolo XVII.

FIG. 397. — a foggia di mano impugnante un ramo di alloro decorato da teſta leonina. - Brescia. Prima metà del secolo XVI.

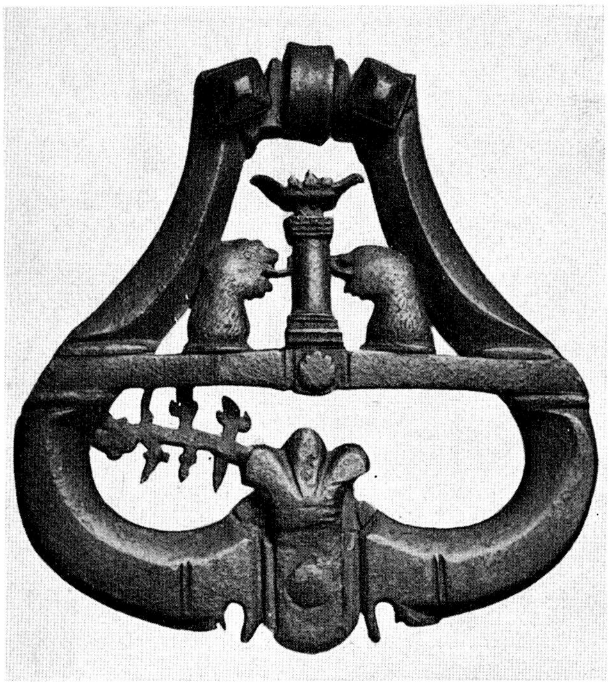

Fig. 398. — Stemma dei Colonna.
Roma. - Secolo XVI.

Fig. 399. — a fogliame stilizzato e mascherone.
Alta Lombardia. - Sec. XVII.

Fig. 400. — a foggia di grifoni simmetrici
addentanti borchia ornamentale.
Brescia. - Via Musei 47. Seconda metà sec. XVII.

Fig. 401. — a piastra stagliata e borchie a trifoglio.
Lombardia. - Fine secolo XVI.

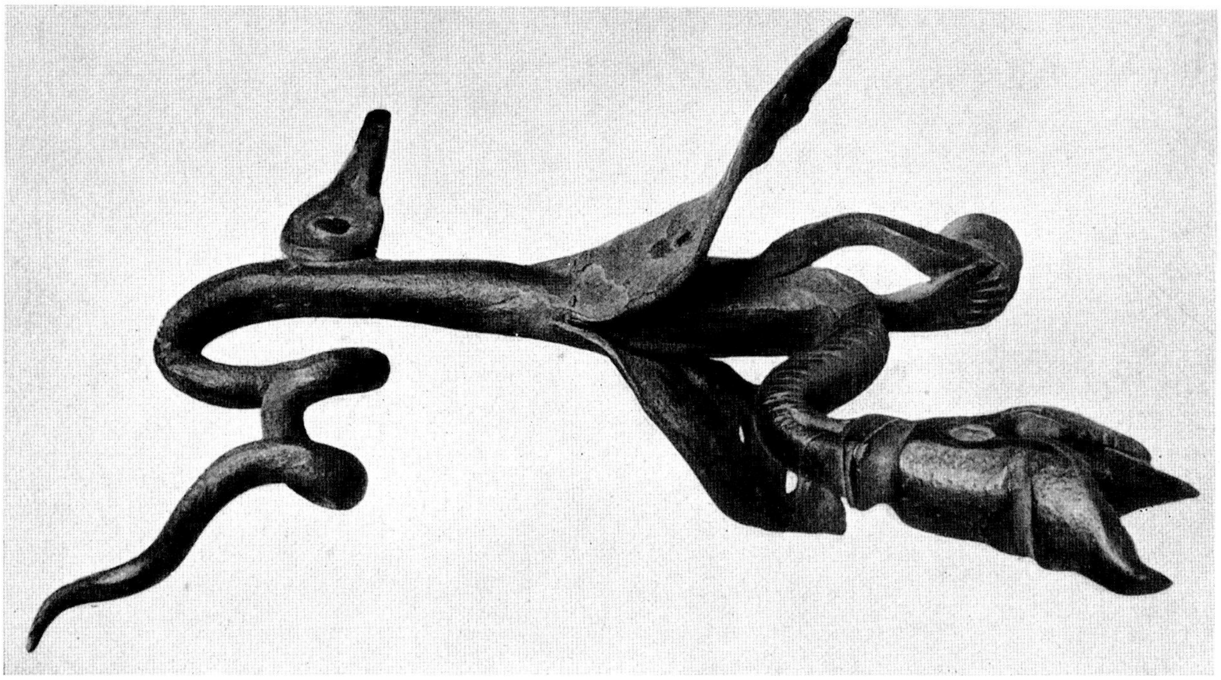

Fig. 402 - 403 - 404. — Milano - Coll. G. Mylius. - Alto Piemonte e Lombardia.

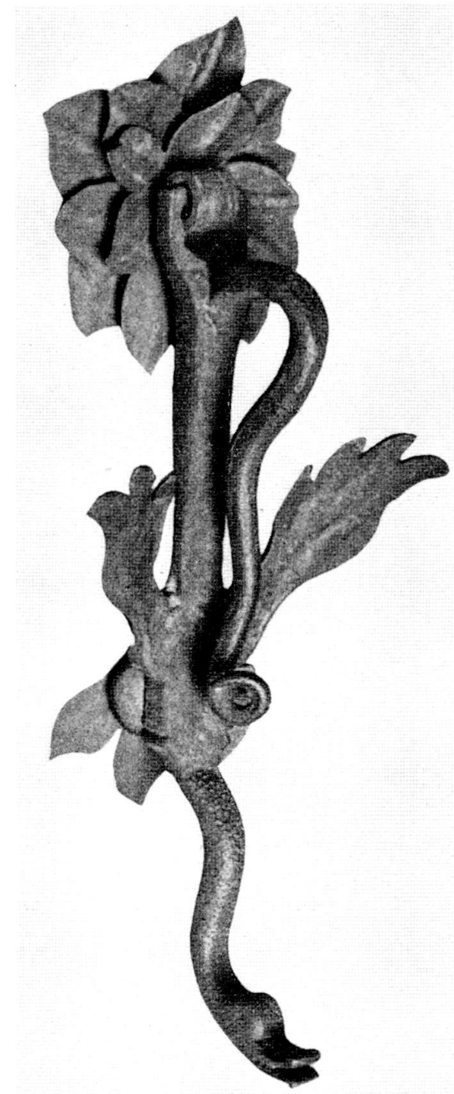

FIG. 405 - 406 - 407. — Milano. - Coll. G. Mylius. - Alto Piemonte e Lombardia.

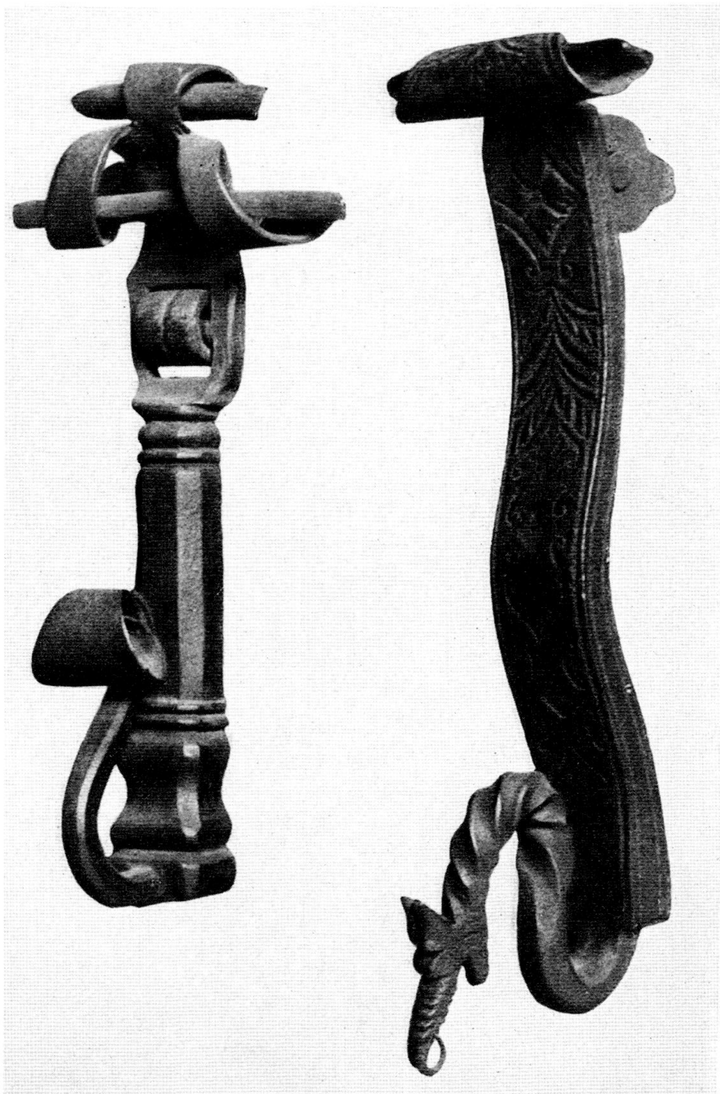

Fig. 408. — foggiato a naſtro e fuſto a colonnina.
Fig. 409. — con incisione a rabeschi, cartoccio e teſta di drago.

Fig. 410. — a volute terminanti in roselle con intaccature di cesello.

Fig. 411. — Picchiotto a volute accartocciate con inciso stemma, trofei e foglia di acanto.

Fig. 412. — Picchiotto a forma di lira tra fronde di lauro baccato.

Fig. 413. — Maniglia a motivo floreale.

FIG. 414. — Firenze. - Museo Stibbert.

FIG. 415. — Firenze. - Museo Stibbert.

FIG. 416. — Firenze. - Museo Stibbert.

FIG. 417. — Firenze. - Museo Stibbert.

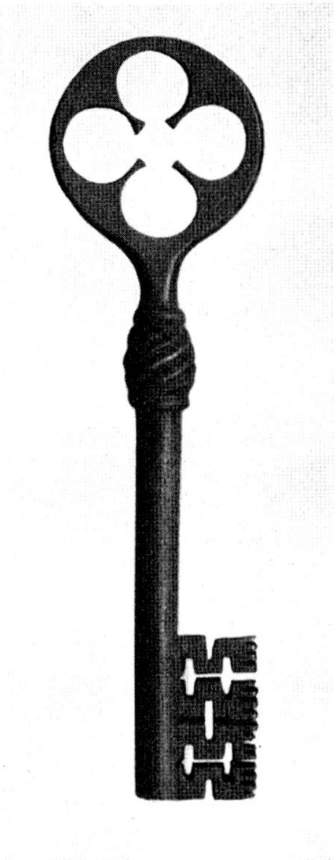

Fig. 418 a 421. — Venezia. - Museo Correr.

Fig. 422 - 423. — Bologna - Museo Art. Industriale.

Fig. 424. — Torino. - Museo Civico.

Fig. 425. — Picchiotto in ferro battuto a forma di serpe. - Italia Sett. - Secolo XVII.

Fig. 426. — a cartocci abbinati e base ripiegata al fusto.

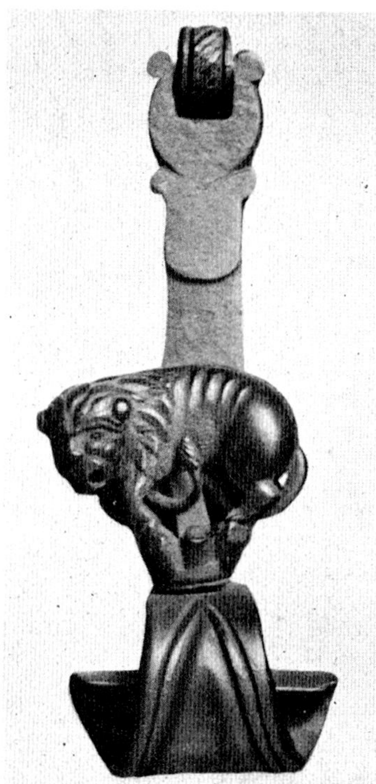

Fig. 427 - 428. — a forma di leoncino.

Fig. 429. — Milano. Coll. G. Mylius.

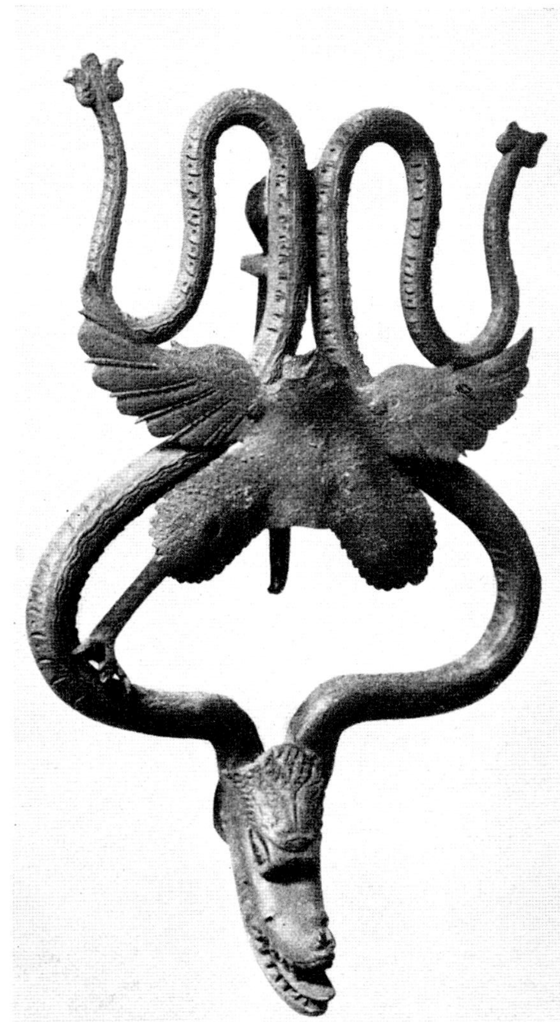

Fig. 430. — Torino. - Museo Civico.

Fig. 431. — S. Gimignano (Toscana). - Antico Palazzo del Podestà.

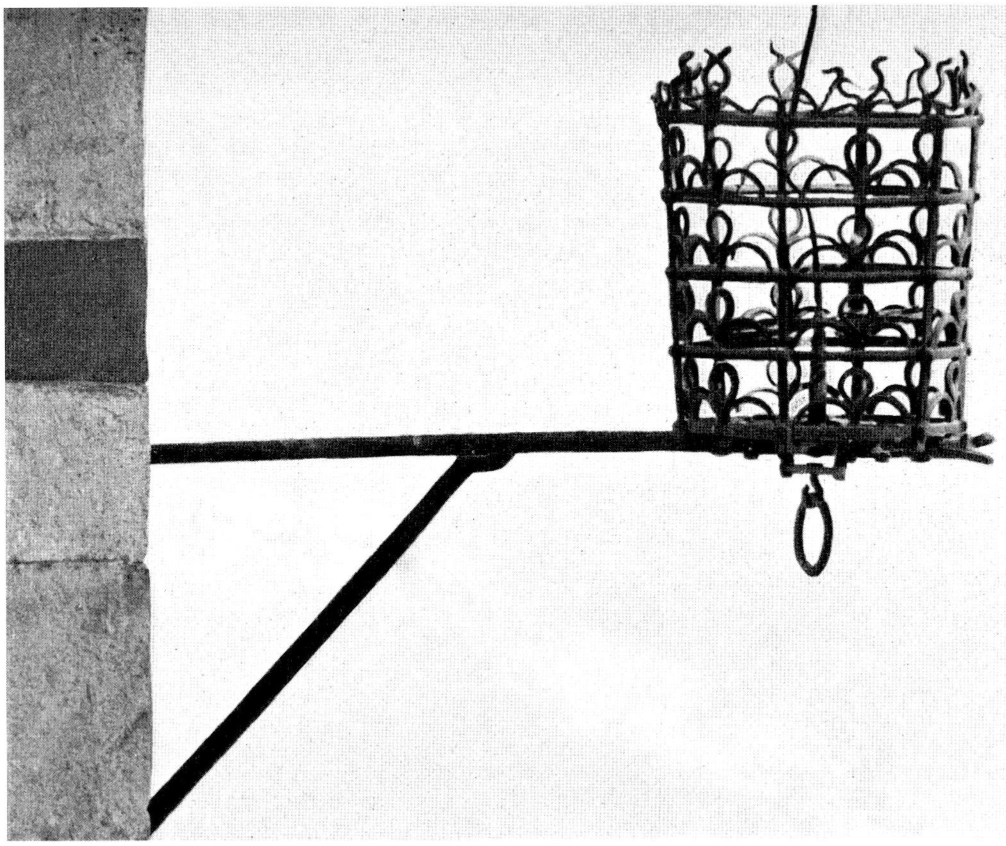

FIG. 432. — Pisa. - Torre o Palazzotto dei Gualandi. (Detta della fame).

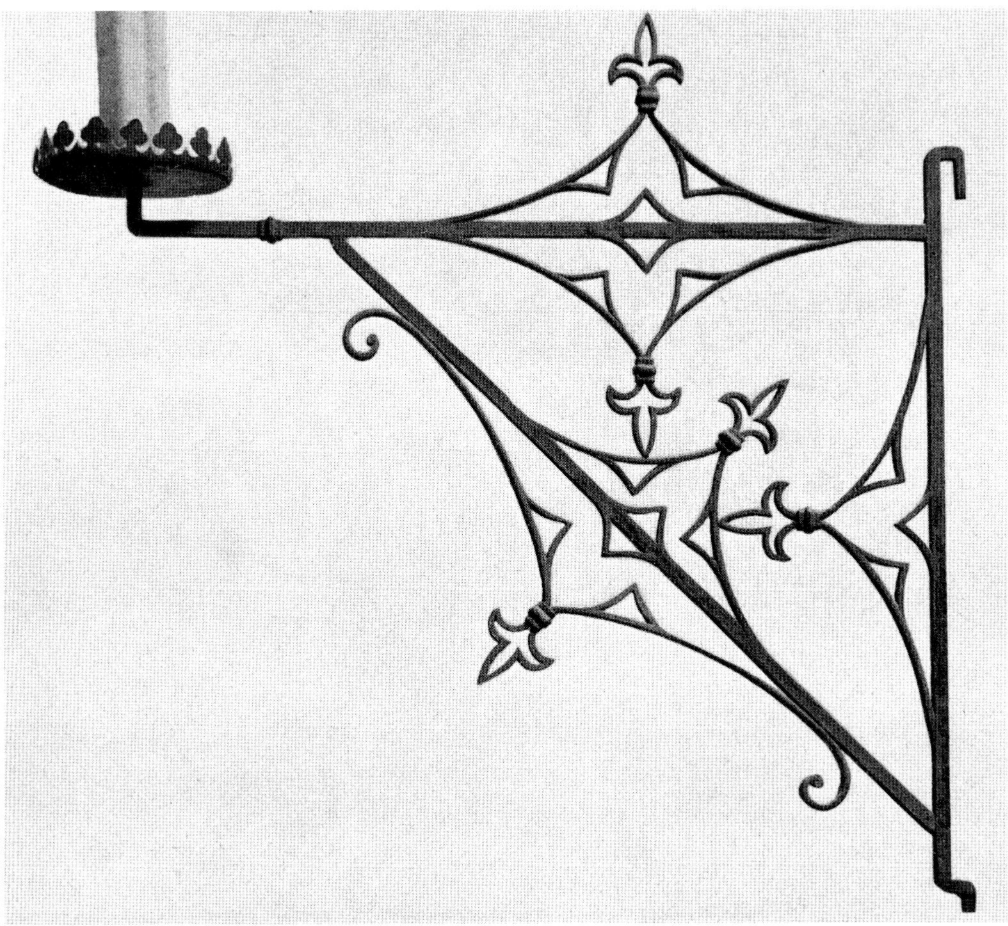

FIG. 433. — Saluzzo. - Coll. Privata.

Fig. 434. — Siena. - Piazza S. Giusto.

Fig. 435. — Siena. - Loggia del Papa.

Fig. 436. — Lucca. - Palazzo Pretorio.

Fig. 437 - 438. — Lucca.

Fig. 439. — Siena. - Piazza Postierla.

Fig. 440 - 441 - 442. — Siena. - Palazzo Bandini.

Fig. 443. — Firenze. - Palazzo Strozzi.

FIG. 444. — Siena. - Palazzo di S. Galgano.

Fig. 445. — Arezzo. - Palazzo Occhini.

Fig. 446. — Viterbo. - Palazzo De Gentili Lenzi.

Fig. 447. — Siena. - Via del Casato.

Fig. 448. — Siena. - Palazzo Piccolomini.

Fig. 449. — Siena. - Palazzo Nerucci.

Fig. 450. — Siena. - Palazzo del Magnifico.

Fig. 451. — Siena. - Palazzo Bindi Sergardi.

Fig. 452.
Bologna. - Palazzo del Podestà.

Fig. 453. — Lucca. - Piazza dei Mercanti.

Fig. 454.
Torino. - Borgo Medioevale.

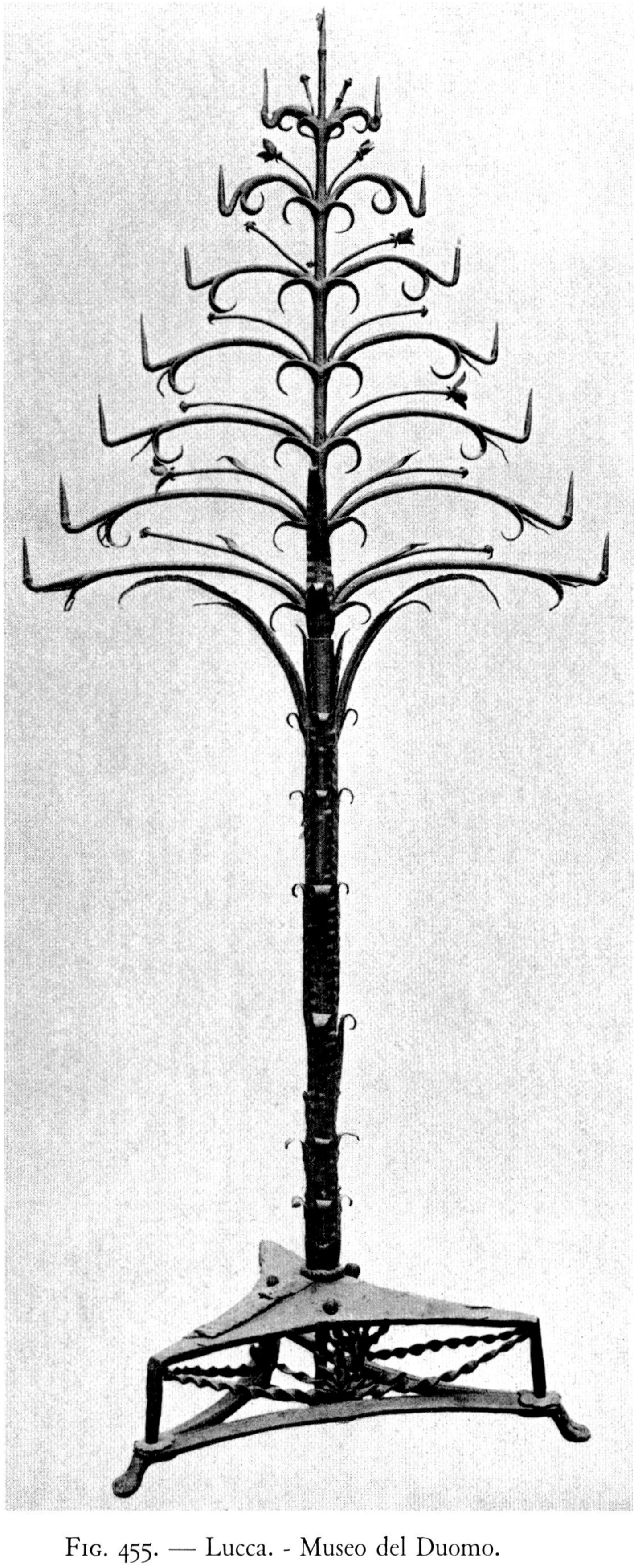

Fig. 455. — Lucca. - Museo del Duomo.

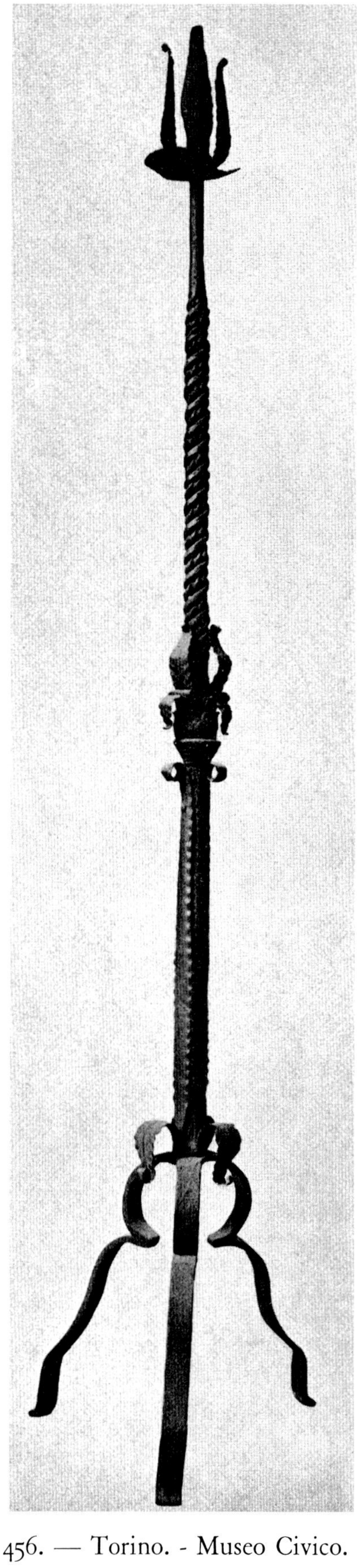

Fig. 456. — Torino. - Museo Civico.

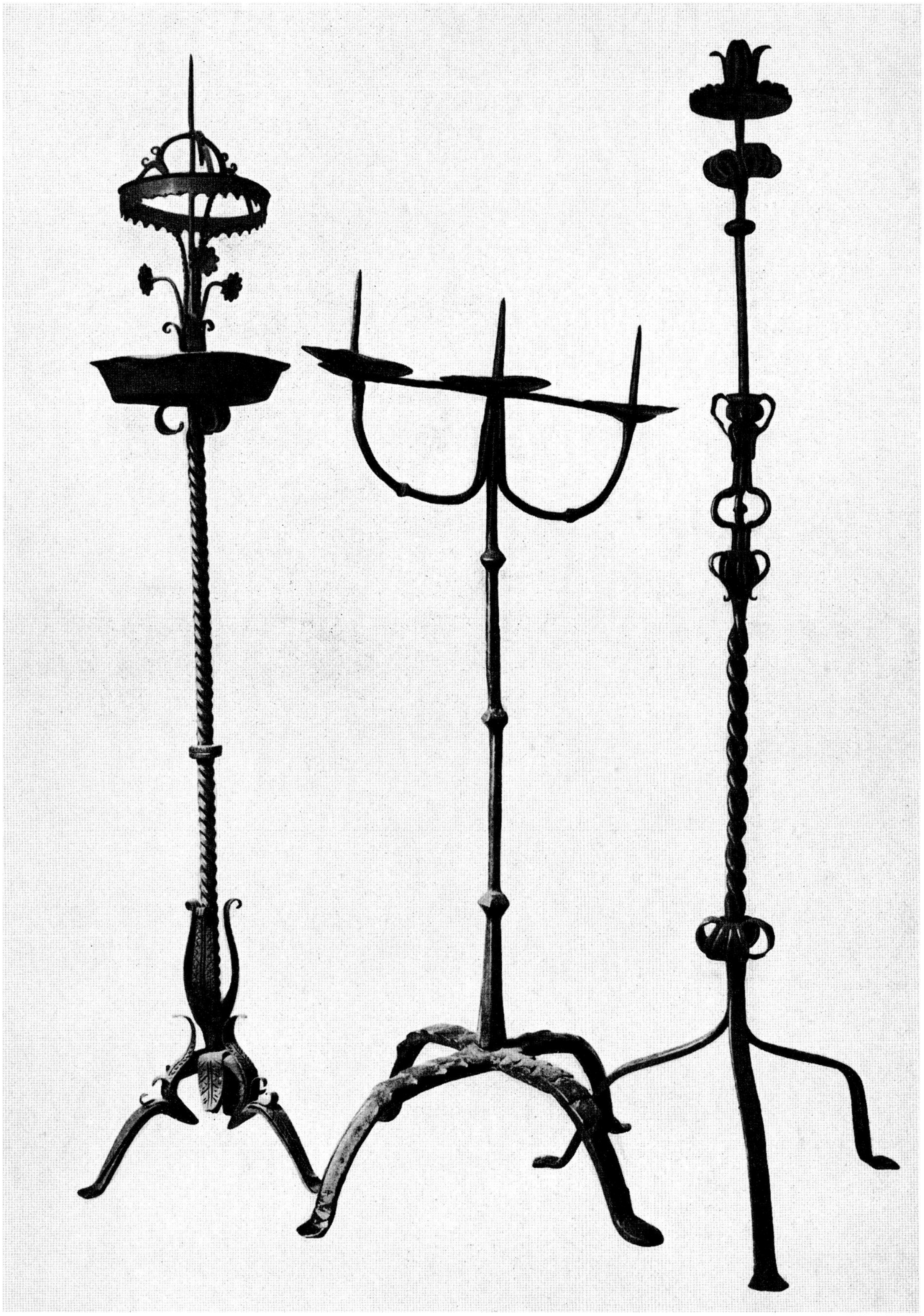

Torino. - Museo Civico.

Fig. 457. — Porta-cero a tripode fogliato con colonnina ritorta e cimasa ornata di fiori in lamiera stagliata. Lavoro Veneto del secolo XV.

Fig. 458. — Torcera quadripode a tre becchi. Valle d'Aosta. - Secolo XIV.

Fig. 459. — Torcera a tripode con fusto a tortiglione e bulbi floreali (prov. dal Duomo di Saluzzo). - Sec. XV.

Fig. 460. — Lucca. - Museo Guinigi.

Fig. 461. — Saluzzo. - Casa Cavassa.

Fig. 462. — Firenze. - Museo Nazionale.

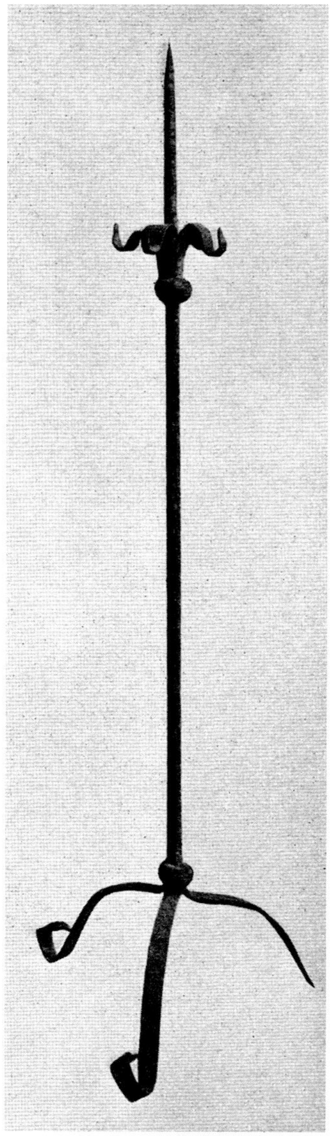

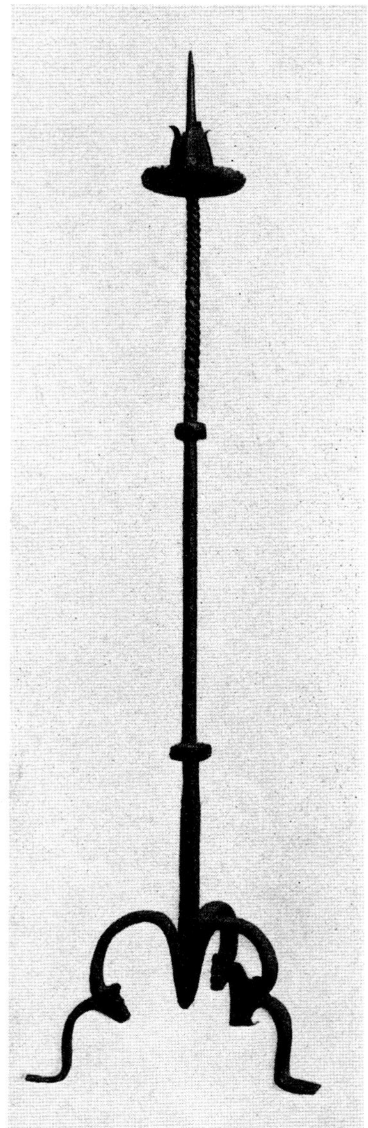

Fig. 463 - 464. — Saluzzo. - Casa Cavassa.

Fig. 465. — Firenze. - Coll. Peruzziana.

Fig. 466. — Saluzzo.

Fig. 467. — Miasino.

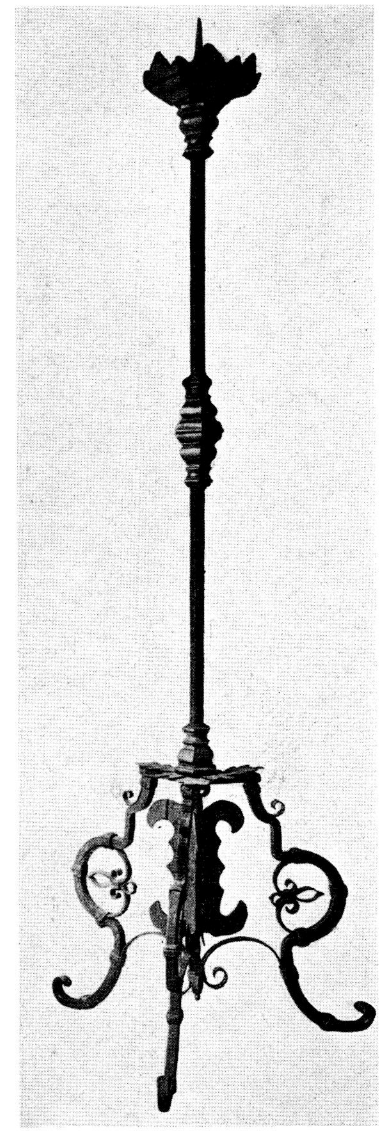

Fig. 468. — Torino. - Museo Civico.

Fig. 469 - 470. — Palermo. - Museo Nazionale.

FIG. 471. — Torino. - Museo Civico.

FIG. 472. — Milano. - Museo Sforzesco.

FIG. 473 - 474. — Torino. - Museo Civico.

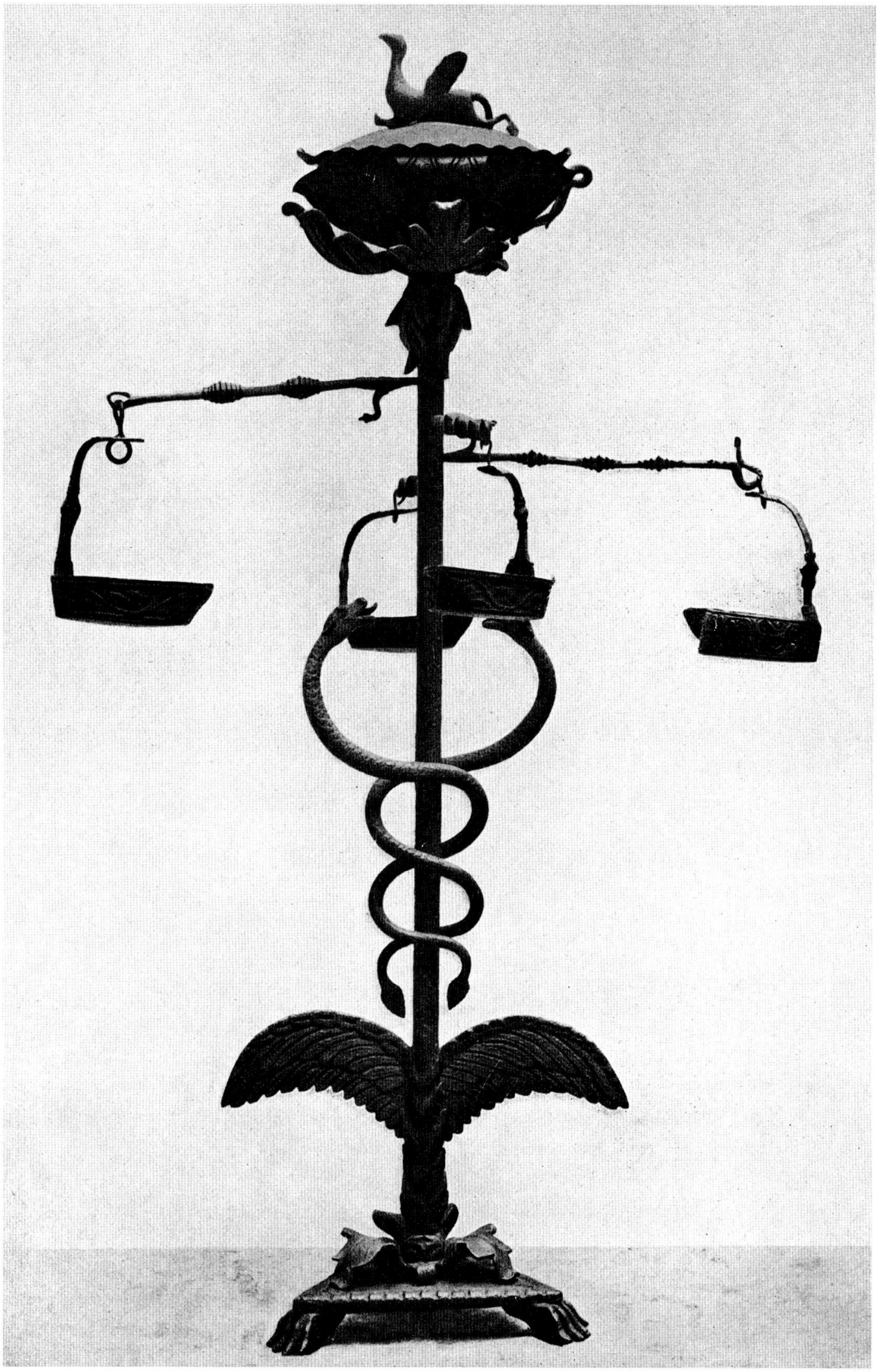

Fig. 475. — Milano. - Coll. Bagatti Valsecchi.

Fig. 476. — Milano. - Coll. G. Mylius.

Fig. 477. — Milano. - Coll. Bagatti Valsecchi.

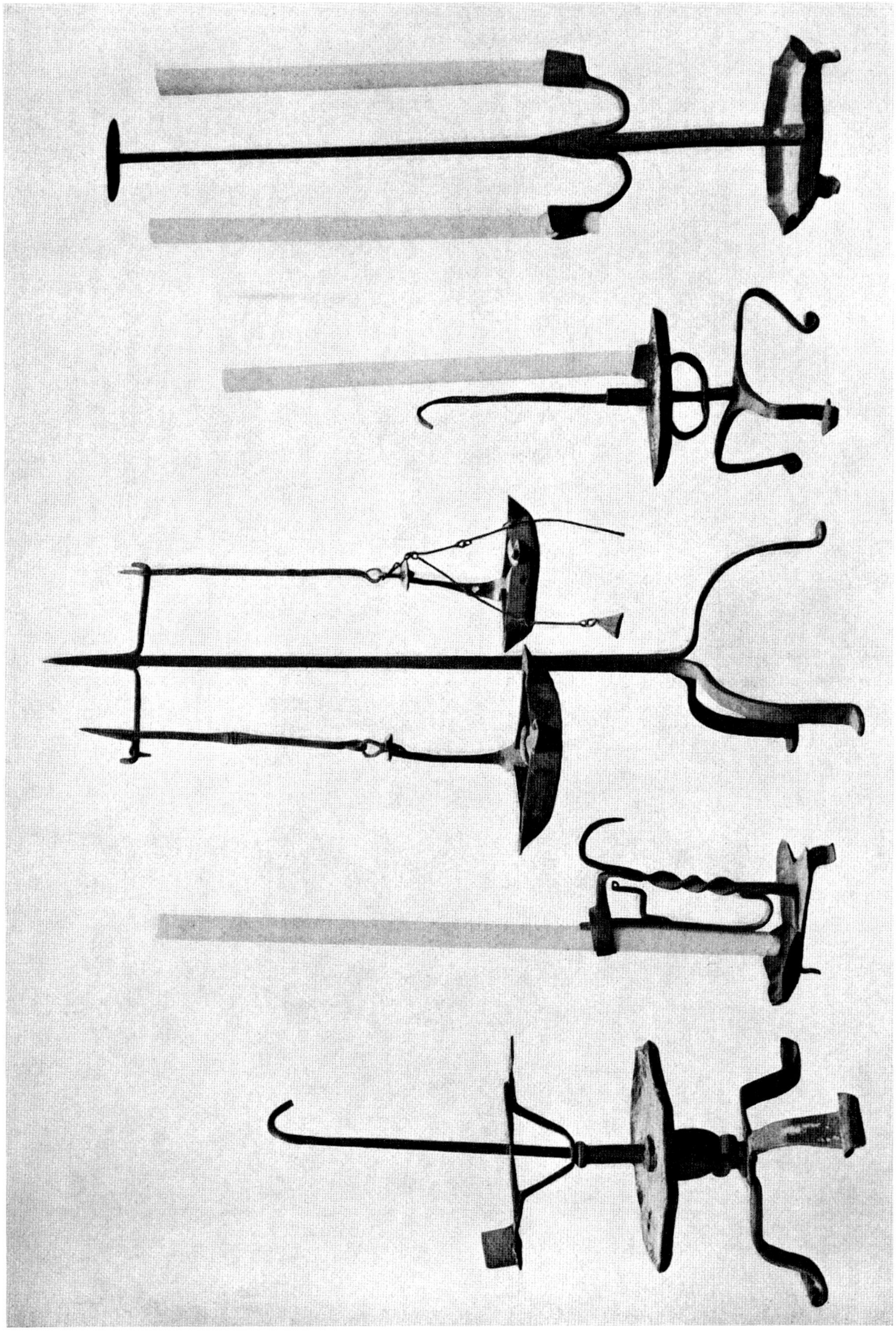

Fig. 478 al 482. — Firenze. - Coll. Peruzziana.

Fig 483 - 484 - 485. — Firenze. - Coll. Peruzziana.

Fig. 486. — Torino. - Museo Civico.

Fig. 487. — Milano. - Museo Sforzesco.

Fig. 488. — Firenze. - Museo Nazionale. (Proveniente dal Palazzo Gualtiero di Orvieto).

Fig. 489. — Milano. - Museo Sforzesco.

Fig. 490. — Tramonte (Padova). - Villa Rosa.

Fig. 491. — Firenze. - Coll. Tolentino.

Fig. 492. — Saluzzo. - Coll. Sig.ra G. Roggero-Cerutti.

Fig. 493. — Saluzzo. Coll. Bertoni.

Fig. 494 - 495. — Torino. - Museo Civico.

Fig. 496. — Firenze. - Museo Bardini.

Fig. 497. — Torino. - Museo Civico.

Fig. 498. — Firenze. - Museo Stibbert.

Fig. 499. — Rivoli. - Chiesa di S. Martino.

Fig. 500. — Firenze. - Via Folco Portinari.

FIG. 501. — Genova. - Via Garibaldi 1 (Pal. Cambiaso).

Fig. 502. — Bologna. - Varie chiese.

Fig. 503 - 504. — Milano - Museo Sforzesco.

Fig. 505. — Torino. - Coll. Isaia Levi.

Fig. 506. — Stupinigi. - Villa Reale.

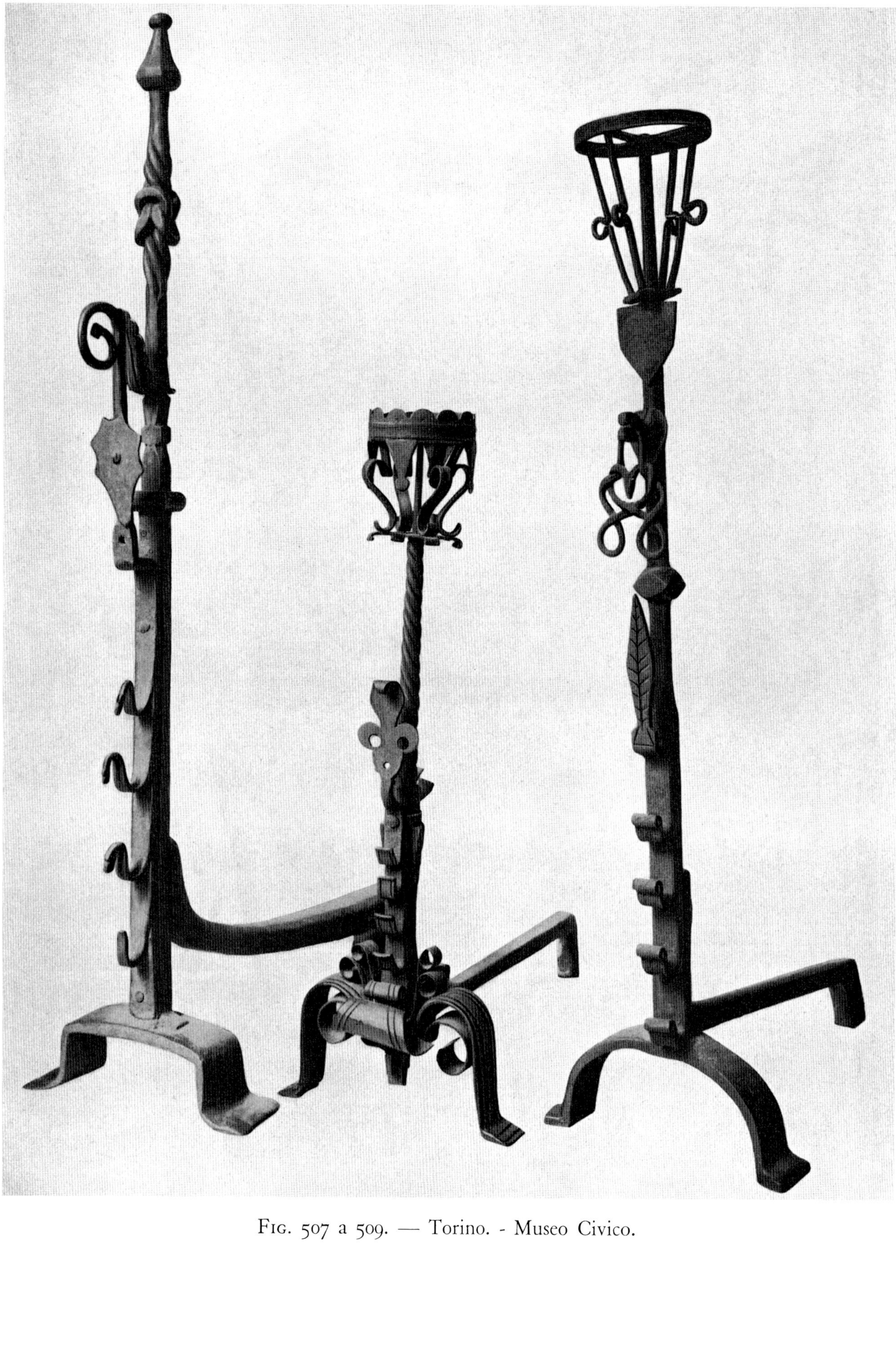

Fig. 507 a 509. — Torino. - Museo Civico.

Fig. 510 e 511. — Firenze. - Museo Nazionale.

Fig. 512. — Saluzzo. - Casa Cavassa.

Fig. 513. — Padova. - Coll. Selvatico Este.

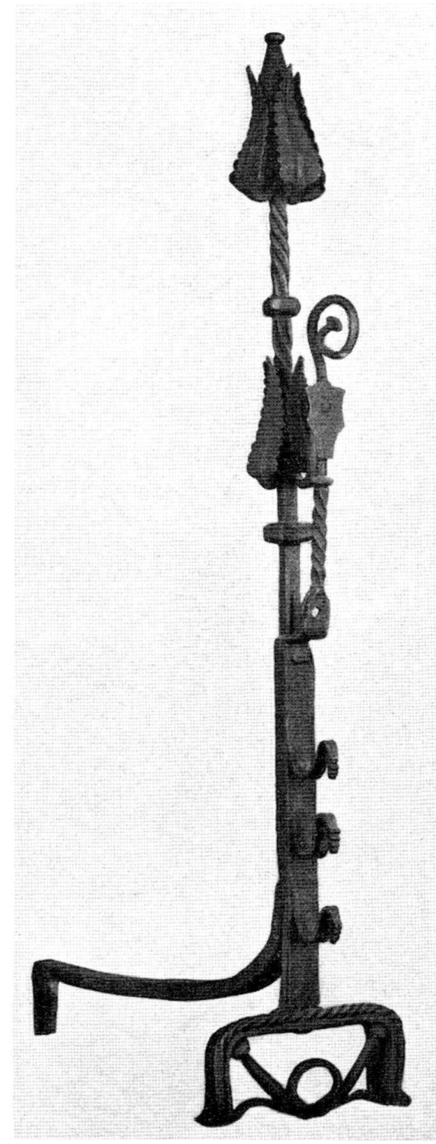

Fig. 514. — Torino. - Museo Civico.

Fig. 515 a 517. — Valle d'Aosta. - Maniero di Issogne.

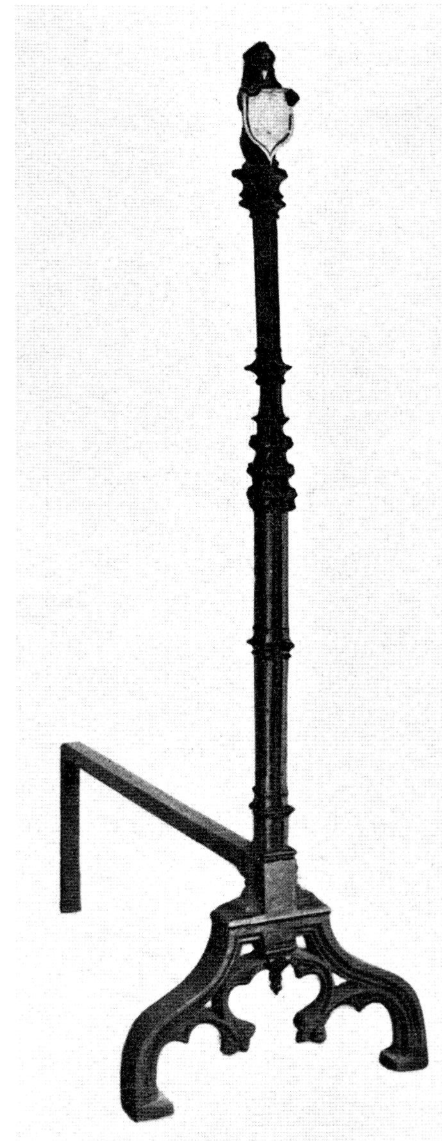

Fig. 518. — Torino. - Museo Civico.

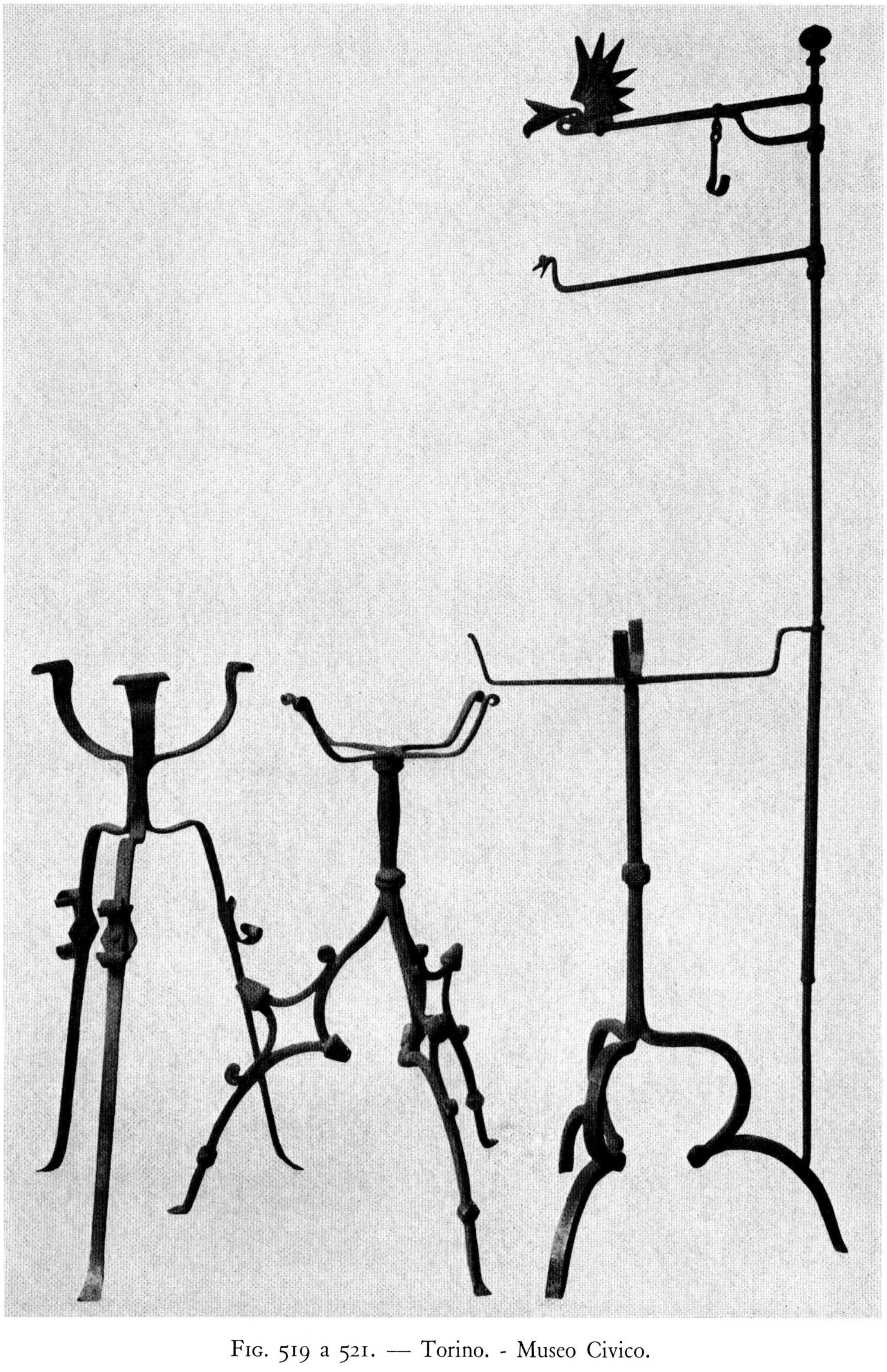

Fig. 519 a 521. — Torino. - Museo Civico.

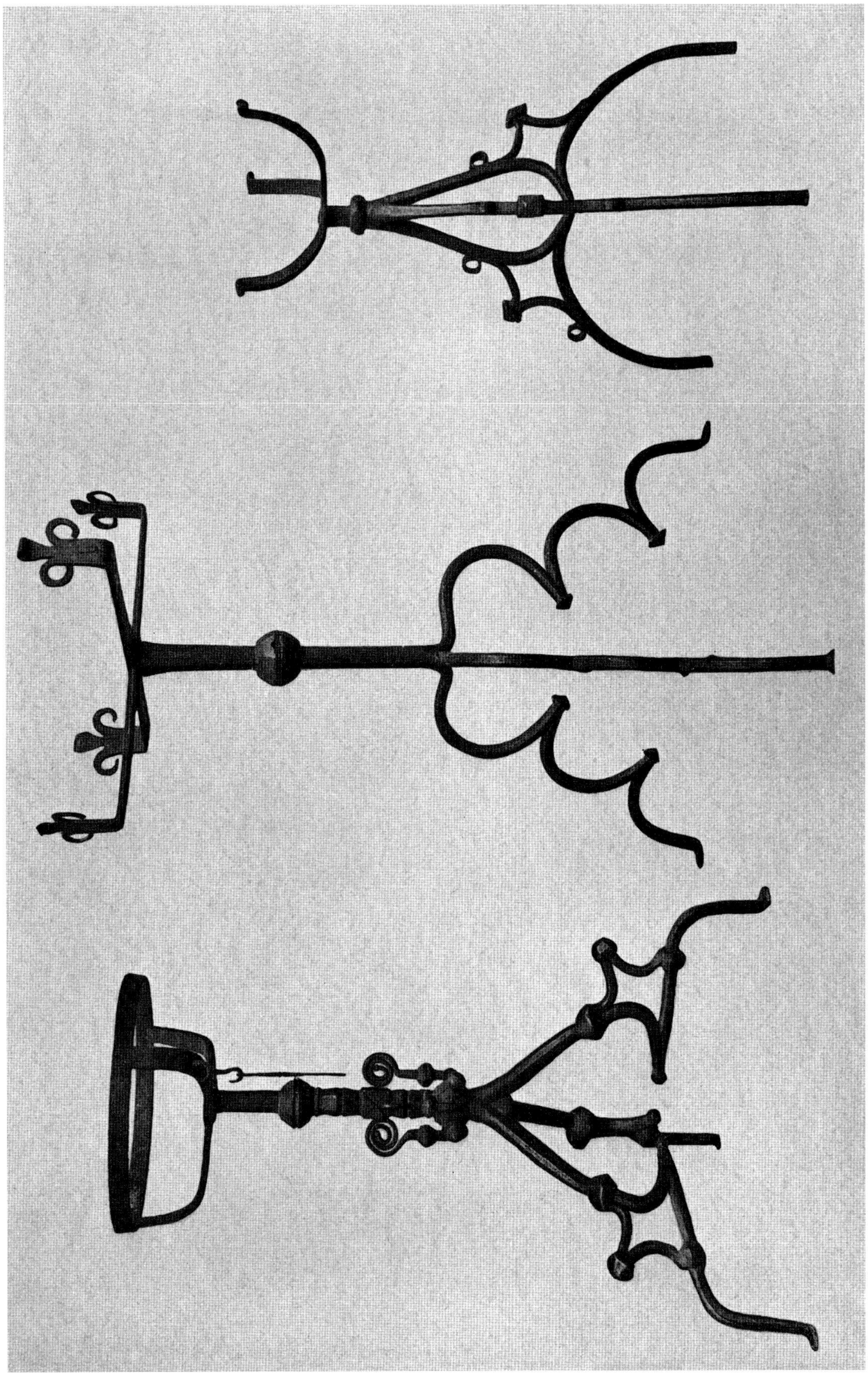

Fig. 522 a 524. — Milano. - Coll. G. Mylius.

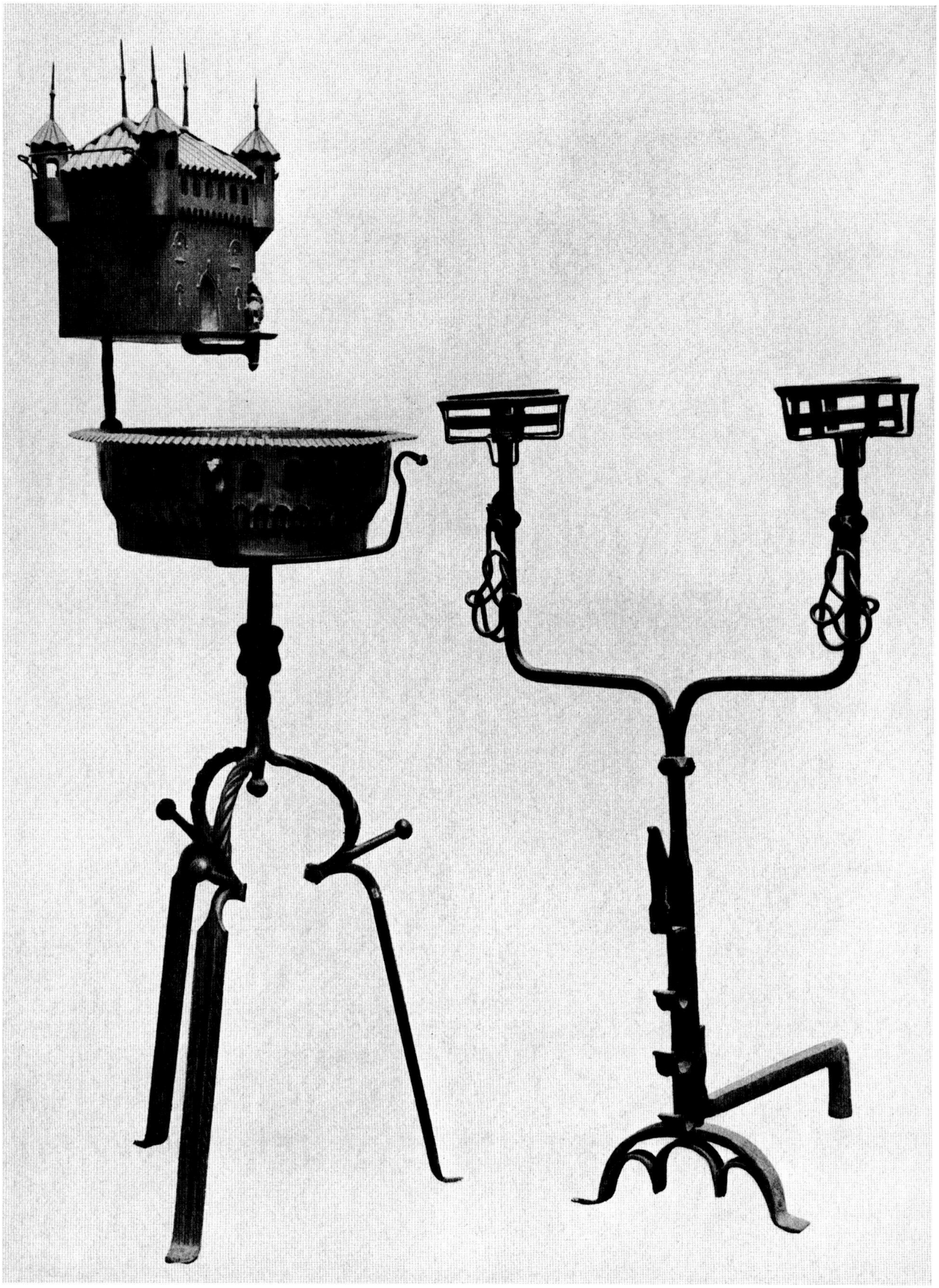

Fig. 525 - 526. — Aosta. - Coll. Privata.

Fig. 527 a 529. — Firenze. - Coll. Peruzziana.

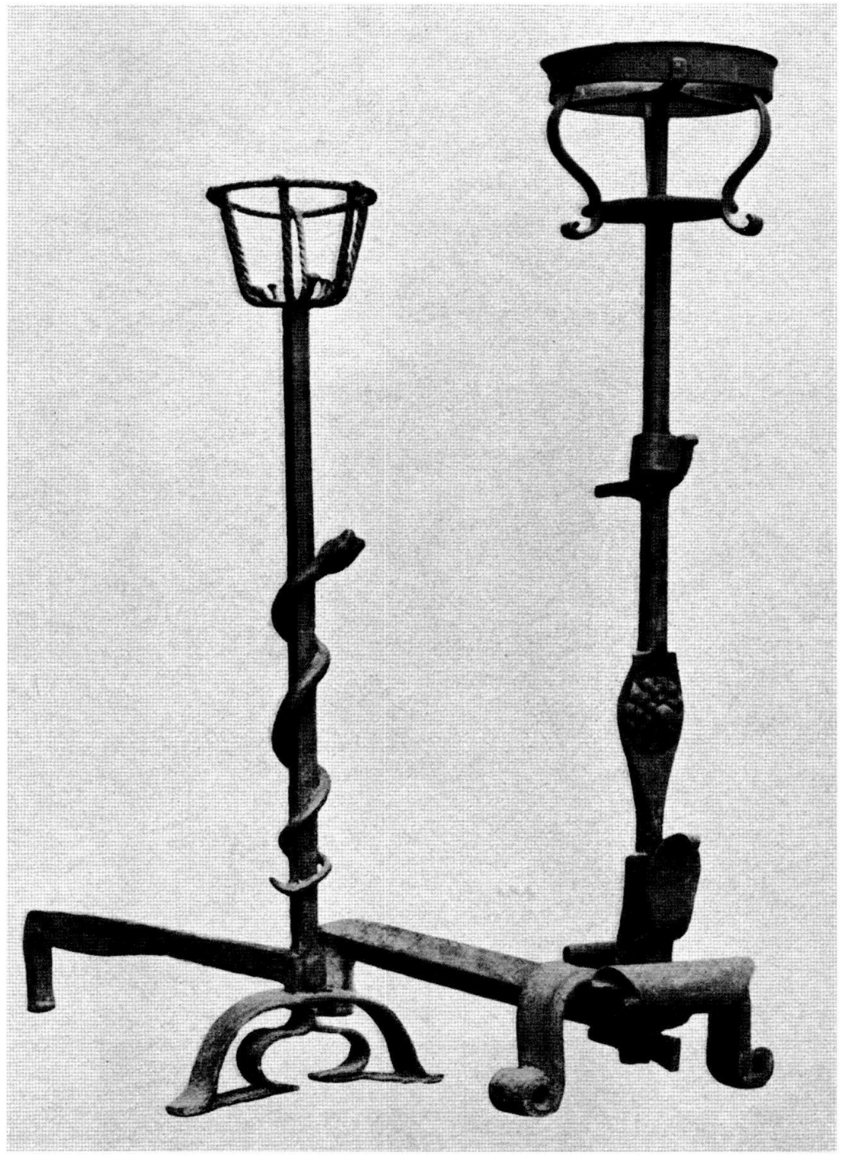

Fig. 530 - 531. — Saluzzo. - Coll. Bertoni.

Fig. 532. — Siena. - Museo del Duomo.

Fig. 533. — Venezia. - Museo Correr.

Fig. 534 a 536. — Firenze. - Museo Stibbert.

Fig. 537. — Firenze. - Coll. Peruzzi.

Fig. 538. — Firenze. - Coll. Peruzziana.

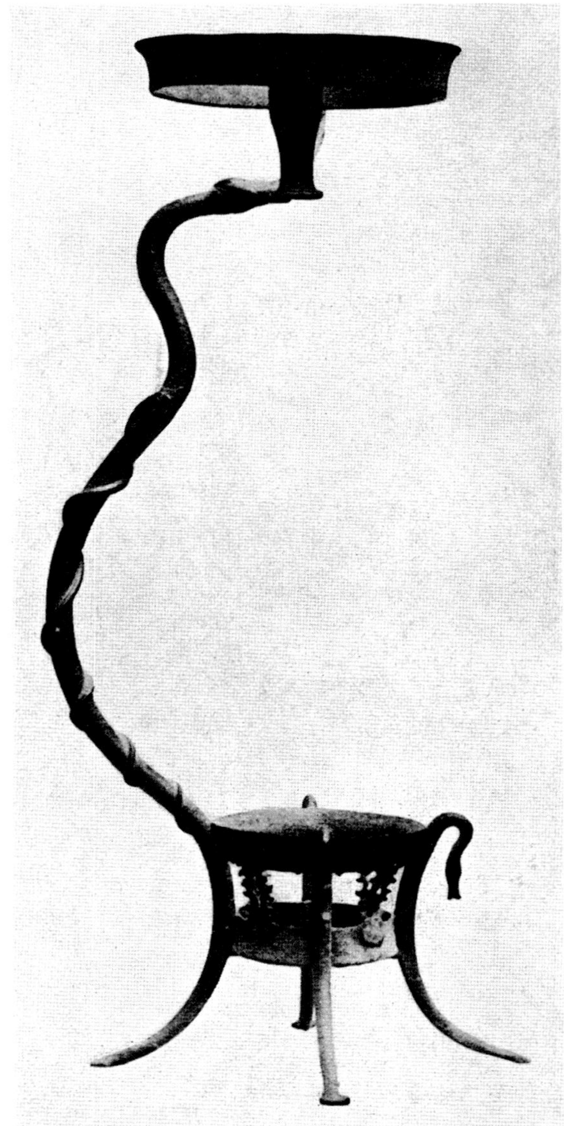

Fig. 539. — Firenze. - Coll. Peruzziana.

Fig. 540. — Firenze. - Palazzo di Parte Guelfa.

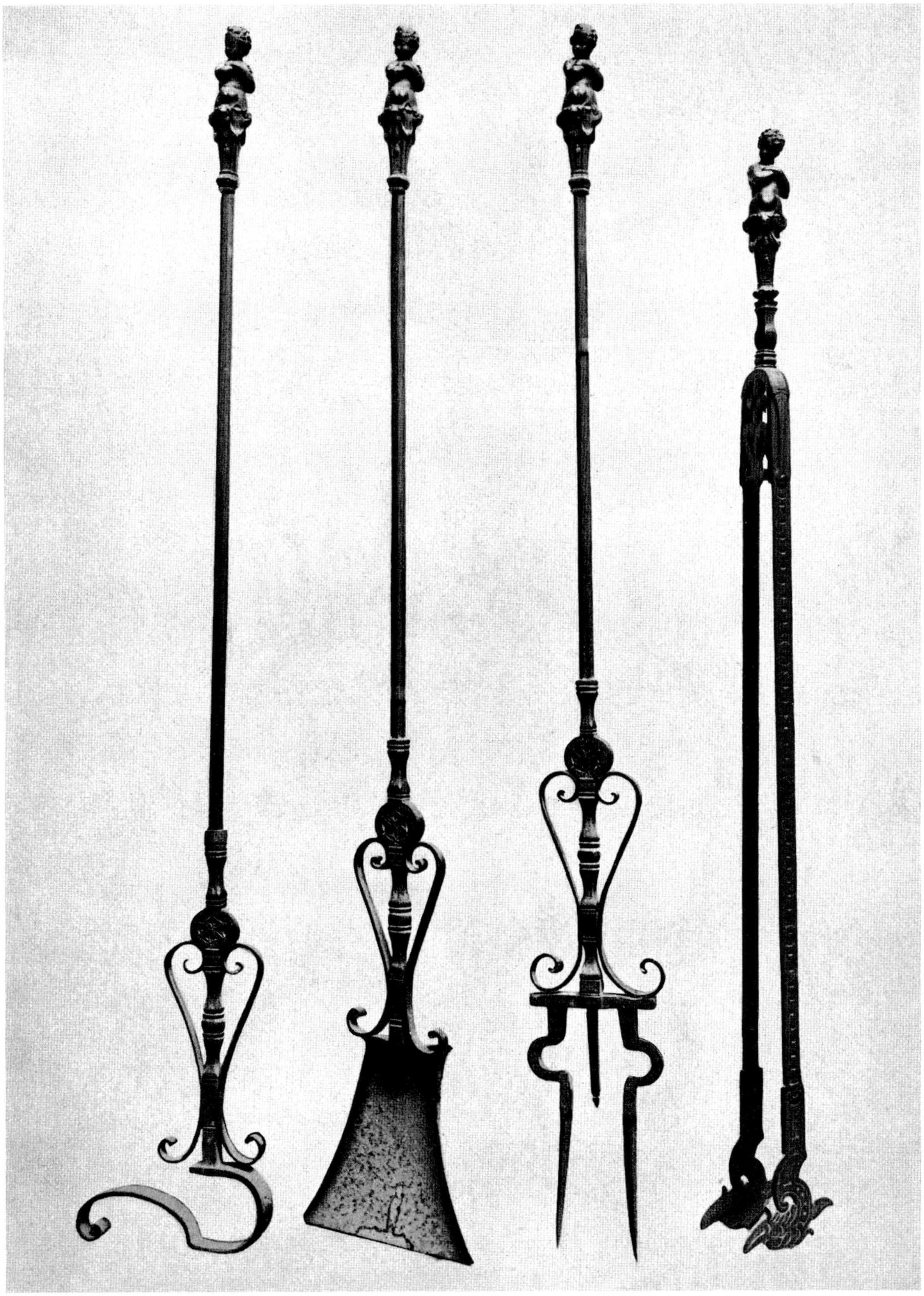

Fig. 541 a 544. — Firenze. - Museo Nazionale.

Fig. 545. — Certosa di Pavia.

Fig. 546. — Milano. - Coll. Bagatti Valsecchi.

FIG. 547. — Firenze. - Coll. Tolentino.

FIG. 548 - 549. — Firenze - Museo Stibbert.

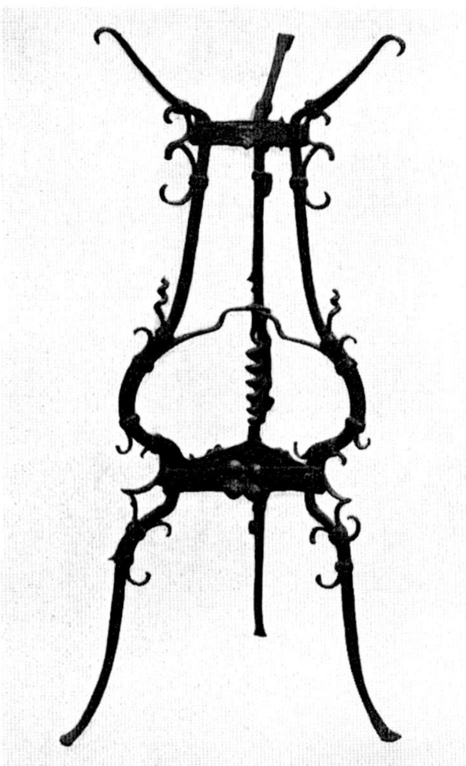

Fig. 550 a 553. — Saluzzo. - Coll. G. Roggero Cerutti.

Fig. 554 - 555. — Torino. - Castello Medioevale.

Fig. 556. — Sacro Monte d'Orta (Novara).